本书受中国—东盟旅游人才教育培训基地（广西民族大学）
建设经费资助出版

相思湖管理论丛

中国旅游产业升级的规模与效率研究

吕本勋 ◎ 著

中国社会科学出版社

图书在版编目（CIP）数据

中国旅游产业升级的规模与效率研究/吕本勋著.—北京：
中国社会科学出版社，2016.8
ISBN 978-7-5161-8425-7

Ⅰ.①中…　Ⅱ.①吕…　Ⅲ.①旅游业发展—研究—中国
Ⅳ.①F592.3

中国版本图书馆 CIP 数据核字（2016）第 138272 号

出 版 人	赵剑英
责任编辑	王　曦
责任校对	周晓东
责任印制	戴　宽

出　　版	中国社会科学出版社
社　　址	北京鼓楼西大街甲 158 号
邮　　编	100720
网　　址	http://www.csspw.cn
发 行 部	010-84083685
门 市 部	010-84029450
经　　销	新华书店及其他书店

印　　刷	北京君升印刷有限公司
装　　订	廊坊市广阳区广增装订厂
版　　次	2016 年 8 月第 1 版
印　　次	2016 年 8 月第 1 次印刷

开　　本	710×1000　1/16
印　　张	12.75
插　　页	2
字　　数	201 千字
定　　价	48.00 元

凡购买中国社会科学出版社图书，如有质量问题请与本社营销中心联系调换
电话：010-84083683

序

改革开放以来，我国旅游业取得了突飞猛进的发展。2015 年，国内出游人数突破 40 亿人次，出境旅游人数 1.2 亿人次，旅游总收入超过 4 万亿元人民币，旅游产业对 GDP 综合贡献率达 10.1%，超过教育、银行、汽车产业，旅游就业人数占总就业人数的 10.2%。旅游业的综合带动效应日益增强，在国内居民消费需求、投资建设、出口贸易中的地位不断提升。

当前，我国经济进入中高速新常态发展期，随着国家扩大消费需求，着力推进供给侧改革，旅游业成为拉动消费需求，推动供给侧改革，促进产业结构优化的重点发展产业，促使我国旅游产业进入了转型升级的关键时期。因此，如何推进旅游供给侧改革，加快旅游产业转型升级，需要更多的学者从理论上进行深入研究，以指导旅游业的建设发展，实现把旅游业建设培育成国民经济的战略性支柱产业和人民群众更加满意的现代服务业。

吕本勋博士是我在云南大学工商管理与旅游管理学院担任博士生导师指导的博士生之一，在读期间就跟随我完成一系列旅游发展研究和专项规划编制工作，特别对旅游经济发展和旅游产业成长规律性问题很感兴趣，并将其博士论文聚焦于旅游产业升级问题的研究上，完成了《中国旅游产业升级的规模与效率研究》的博士学位论文。本书就是在其博士学位论文基础上形成的研究论著，全书从产业经济发展的规模、效率变迁等规律性切入，分析和界定了旅游产业升级的核心问题，构建了理论分析框架，并结合我国旅游业发展的实际情况，进行了定量实证分析和比较研究，提出了通过释放需求潜力，推动规模升级；促进要素服务能力转化，提升要素效率；实施全面创新，创造技术升级环境等路径和战略，推动我国产业转型升级，不仅观点新颖、逻辑结构严密、内容系统完整，而且论述科学严谨、应用方法简洁、分析规范有据，研究结论具有较强的理论性和实践性，既丰富了旅游产业经济理论，同时对于我国旅游产业升级也具有现实的指导意义。

　　是为序！

罗明义教授

2016 年 7 月 16 日

摘　要

2009 年，《国务院关于加快发展旅游业的意见》的 41 号文件将旅游业定位为"国民经济的战略性支柱产业和人民群众更加满意的现代服务业"。这是中国经济转型升级时期国家对旅游产业新的定位，也是新时期对中国旅游产业升级提出的目标。围绕中国旅游产业升级，国内学者从 20 世纪 90 年代开始就进行了有关的研究。多数学者都是从旅游产业如何转型和结构如何优化来研究旅游产业升级的，因此，有关的研究也可以称为旅游产业转型升级，即从转型的角度来促进旅游产业升级。然而关于旅游产业升级这一根本性命题却少有人进行系统的研究，即什么是旅游产业升级、旅游产业如何升级、怎样评价旅游产业升级和如何促进旅游产业升级。

本书以旅游消费升级、旅游产业地位变迁、国民经济转型和旅游战略性支柱产业建设为背景，在旅游产业升级相关研究述评和旅游产业属性探讨的基础上，基于"需求的收入弹性基准"和"生产率上升基准"，从规模（量）与效率（质）两个方面对旅游产业升级进行创新性的界定和解构，建立了旅游产业升级的机制和评价体系，完成了对旅游产业升级的理论建构和实证研究。

本书包含以下六个方面内容，从理论和实证相结合的角度全面回答了上述有关旅游产业升级的四个问题。

第一，首先对国内外有关旅游产业升级的文献进行述评。研究发现，有关旅游产业升级的研究零碎而不成体系，各方研究难以相互支撑，没有形成对旅游产业升级这一命题的系统构建。

第二，本书对旅游产业升级从规模（量）和效率（质）两个方面进行界定和解析，建立起旅游产业升级理论框架和评价体系，奠定了旅游产业升级进一步研究的理论基础。

第三，旅游产业升级的规模研究主要从潜力、结构和规模三个方面展开和测算，通过相关性和因果关系的一致性分析，构建起旅游产业规模升级的机制。研究发现：（1）旅游产业潜力通过释放促进市场变迁、行业变迁、产业融合和产业集聚，实现产业结构优化和旅游产业规模升级；（2）旅游产业规模升级存在内在的一致性机制，即潜力是结构的格兰杰原因，结构是规模的格兰杰原因。

第四，旅游产业升级的效率研究主要从单要素效率和全要素效率两个方面展开，着重对旅游产业及其各行业的全要素效率进行分解和趋势分析，以把握旅游产业效率升级的规律和趋势特征。研究发现：（1）旅游产业效率升级是一个连续的过程，技术进步是主要特征，劳动引致有上升趋势，资本引致有下降趋势；（2）旅游产业效率升级的实证研究告诉我们，旅游产业升级不能仅仅寄希望于资本的投入，要重视劳动要素，特别是具有广泛意义上的技术进步的影响；（3）旅游产业各行业效率升级具有异质性特征。

第五，对旅游产业升级的规模和效率进行了交叉分析、相对有效性评价和分级，确定中国旅游产业升级所处的阶段特征、旅游产业升级的有效性和级数，以奠定旅游产业升级的基础优势。研究发现：（1）中国旅游产业升级还处在以规模升级为主导的阶段，旅游产业效率升级整体缓慢，旅游产业各行业表现略有差异；（2）与国民经济和第三产业典型行业相比，中国旅游产业规模升级有效性明显，旅游产业效率升级有效性明显，旅游产业升级显著，旅游产业优势突出；（3）旅游产业升级的级数均大于1，其呈快速上升趋势。

第六，着重探讨了旅游产业升级的市场路径和政府作用。在旅游产业的规模升级、效率升级和相对综合评价等研究基础上从影响旅游产业规模升级和旅游产业效率升级的主要因素切入寻找促进旅游产业升级的市场路径和政府作用。在旅游产业升级的市场路径方面从三条路径展开探讨：（1）释放需求潜力，推动规模升级；（2）促进要素服务能力转化，提升要素效率；（3）实施全面创新，创造技术升级环境。在旅游产业升级的政府作用方面从三大战略展开探讨：（1）促进消费升级，做好战略顶层设计；（2）提升要素效率，支撑旅游产业升级；（3）鼓励技术创新，发挥市场环境潜力。

关键词： 旅游产业升级　规模研究　效率研究　市场路径　政府作用

Abstract

In 2009, the Chinese State Council General office Document No. 41 "Views on the Acceleration of the Development of Tourism Industry" positioned tourism as "the strategic pillar industry of the national economy and the modern service industry with more satisfaction with the people", which is a new positioning of the tourism industry in the period of China's economic transformation and industrial upgrading, and is also a new goal for tourism industry upgrading in a new era. Domestic researchers have published a lot of articles around tourism industry upgrading since 1990. Most people made research of tourism industry upgrading from the view of transformation and construct optimizing. But almost no person makes systematic research of tourism industry upgrading, including such questions: What is tourism industry upgrading? Tourism industry upgrading is what like how? How to evaluate tourism industry upgrading? And how to promote tourism industry upgrading?

Basing on touristic expending upgrading, tourism position upgrading, China social and economic transformation and tourism titled strategic pillar industry, this article makes review relating to tourism industry upgrading and explores essence of tourism industry. And the article basing on "demand elastic standard" and "production efficiency standard" creatively makes concept of tourism industry upgrading including scale and efficiency, and construct mechanism and evaluation system of tourism industry upgrading. Then the article answers the four questions above about tourism industry upgrading though six aspects of statistic analysis.

Firstly, Making review of research on tourism industrial upgrading in domestic and abroad. Review research finds the study on tourism industry upgrading is mutually fragmented and difficult to support tourism strategy. Tourism industry upgrading needs further constructive and systematic research.

Secondly, This paper makes systematic research on concept of tourism industry upgrading and evaluation of mechanism from "Scale" and "Efficiency". Thus the above research builds up a theoretical framework and evaluation system for the tourism industry upgrading and gives an overall qualitative understanding of tourism industry upgrading.

Thirdly, Making research of "Scale" on tourism industry upgrading. This part analyzes the potential, structure and size of tourism industry, meanwhile exploring its consistency, progressive resistance, and cross - correlation in mechanism. "Scale" research finding's: (1) Tourism potential can promote tourism industrial construct optimizing and then promote tourism industrial scale upgrading by the way of market's transition, industry's transition, industrial integration and industrial cluster. (2) Internal consistency exists in tourism industrial scale upgrading mechanism. The potential is Granger cause to the structure, and the structure is the Granger cause to the scale.

Fourthly, Making research of "Efficiency" on tourism industry upgrading. This part from the view of one - factor efficiency and total - factor efficiency makes trend analysis of tourism industry and its inner various industries to grasp the trend of characteristics of tourism industry efficiency upgrading. "Efficiency" research finding's: (1) The tourism industry efficiency upgrading is a continuous process, in which technological progress is the main feature, labor cause is in an upward trend and the capital caused is in a downward trend; (2) The statistic analysis of "Efficiency" on tourism industry tells us that tourism industry upgrading don't relay on heavily on capital investment, but on labor inputs and especially on technological progress in extensive sense.

Fifthly, Making cross and relative effectiveness analysis of tourism industry "Scale", "Efficiency" and "Class" is to determine Chinese tourism industry upgrading's and effectiveness' features. Research founding's: (1) Chinese tourism industry updating is still in the stage of scale – leading upgrading. And efficiency upgrading in tourism industry in whole is slowly. It is different in different part in tourism industry. (2) Relatively comprehensive analysis of the tourism industry upgrading discovered that the effectiveness of Chinese tourism industry scale upgrading is obvious and efficiency upgrading is also obvious, and the overall effectiveness of tourism industry upgrading is significantly obvious. (3) The "Class" of tourism industry upgrading is bigger than "1" and rising speedily.

Sixthly, Focusing on the market path and role of government in process of tourism and industrial upgrading. Basing on scale upgrading, efficiency upgrading and relatively comprehensive evaluation of Chinese tourism industry, this part explore the market path and function of government to promote tourism industry upgrading from the main factors influencing tourism industry scale and efficiency upgrading. Market path in tourism industry upgrading includes three parts, namely the potential releasing of tourism demand to promote scale upgrading, promoting the capabilities of conversion of services factor to enhance the efficiency upgrading, and implementation of a comprehensive innovation to create environment of technology upgrading. The role of government in tourism industry upgrading includes three strategies, namely promoting consuming upgrading by making good strategy design form government top level, enhancing elements efficiency to support tourism industry upgrading, and encouraging technological innovation by releasing market potential.

Keywords: Tourism industry upgrading　Scale research　Efficiency research　Market path　Government role

目　　录

第一章　绪论

中国旅游产业升级的规模与效率研究的背景是旅游消费的升级、旅游产业地位的变迁、国民经济的转型和旅游战略性支柱产业建设的国家战略。下面将以此为背景提出本书所要研究的问题，在旅游产业升级有关研究述评的基础上，阐述本书研究的目的和意义，并设计研究内容、路线和方法。

第一节　研究背景与问题提出

一　旅游消费的升级

消费升级是一个各类消费支出在消费总支出中比例变化的过程，它反映了消费水平和层次的提高。[①] 消费升级通常也被理解为消费水平和消费规模的提升。[②] 一般来说，消费升级可用"收入水平和收入差距，标志性消费品和需求层次水平"[③] 等指标来衡量。旅游消费是在人们收入水平提高的背景下，在满足了基本生理和安全需要层次的基础上的一种以寻求社会交往、获得尊重和自我实现（包括获得知识）为主要需求特征的高层次消费，已经成为工业化国家

---

① 文魁：《论消费升级的几个核心问题》，《前线》2013 年第 10 期。
② 消费升级这一概念在中国提出的大背景是消费支出在国民经济支出的比重不足甚至下降，因此，国家希望通过消费水平和规模的增加来提高消费对国民经济的拉动作用，借此实现国民经济增长方式的转变，同时更好地实现经济发展和民生消费的协调可持续发展。
③ 文魁：《论消费升级的几个核心问题》，《前线》2013 年第 10 期。

和后工业化国家的标志性消费形态。因此，旅游消费的出现和旅游消费长期持续的上升本身就是消费升级的体现。

由于旅游业是需求导向的产业，因此，旅游消费的升级主要从旅游需求量和人均旅游消费水平变化的角度来进行分析。旅游需求量反映了旅游消费升级的数量特征[①]，而人均旅游消费水平则反映了旅游消费升级的质的特征。具体来看，就是对国内外人均旅游消费水平进行对照分析，以反映旅游消费升级的态势。国外人均旅游消费水平的分析具体包括加拿大、法国、日本、美国、意大利、德国、英国和澳大利亚，涵盖世界四大洲高收入的八个国家，有关数据采集自《国际统计年鉴》（1980—2011年），见图1-1和附录1。中国人均旅游消费支出的分析，分为中国人均旅游消费整体水平、城镇居民人均旅游消费支出和农村居民人均旅游消费支出，有关数据采集自《中国旅游统计年鉴》（1995—2013年），见图1-2、图1-3和附录1。

1. 国外旅游消费的升级表现

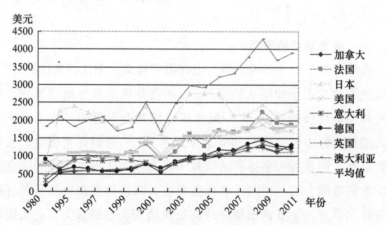

图1-1　世界高收入发达八国人均出境旅游消费支出曲线走势（1980—2011年）

---

　　① 旅游业属于第三产业，代表着产业结构演化的方向，具有投入少、产出高和无污染的特征。旅游需求量的增加不能简单地等同于类似传统钢铁企业（第二产业，具有高消耗和高污染特征）的重复建设或者简单的规模化扩张。因此，旅游需求量的增加也是旅游消费升级的重要表现形式。

从图 1-1 来看，30 年来，世界高收入发达八国人均出境旅游外汇支出整体呈现长期、持续、快速上升态势。1980 年，八国人均出境旅游外汇支出是 720.85 美元；1990 年，八国人均出境旅游外汇支出是 1021.48 美元；2000 年，八国人均出境旅游外汇支出是 1369.49 美元；2010 年，八国人均出境旅游外汇支出是 1831.84 美元①，而 2008 年是 2011.25 美元。30 年来，八国人均出境旅游支出年均增长率是 4%。其中，澳大利亚和日本的人均出境旅游外汇支出高于平均值；美国和法国与平均值相当；德国、英国和意大利略低于平均值；但各国支出水平无一例外地都呈现上升状态。从整个世界来看，旅游消费是一种高水平消费，其所支撑的旅游产业已经成为世界第一大产业。虽然偶尔受到经济危机和外部突发事件的影响，但都能快速恢复和保持稳步增长态势，且人均 GDP 的高低与旅游消费水平有着密切关系。可见，在高收入国家出境旅游人均旅游消费水平在升级。

2. 国内旅游消费的升级表现

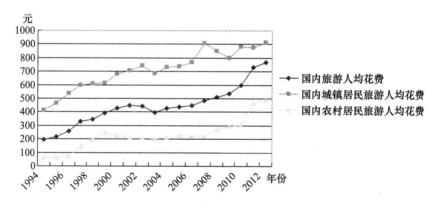

图 1-2 中国国内旅游人均花费（分城镇居民和农村居民）
曲线走势（1994—2012 年）

---

① 由于受到 2008 年全球金融危机的影响，该指标 2009 年有较大下降，但 2010 年开始回升，目前已恢复到 2008 年的水平，并呈继续上升态势。

从图 1-2 来看，19 年来，中国国内旅游人均花费整体呈现长期、持续、快速上升态势。1994 年，国内旅游人均花费是 195.3 元；2004 年，国内旅游人均花费是 427.5 元；2013 年，国内旅游人均花费是 768 元。19 年来，走出家门去旅游已经成为一种生活方式。其中，国内城镇居民旅游人均花费高于平均水平；国内农村居民旅游人均花费低于平均水平。同时期，中国城镇化速度是历史上最快的。目前，中国城镇化水平已经超过 50%。可见，中国国内旅游人均花费水平在国民经济增长和城镇化水平的双重带动下将继续呈现快速增长态势。

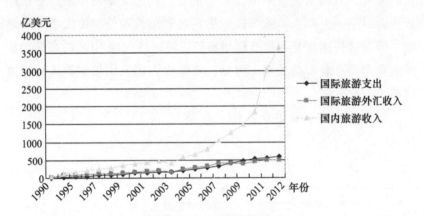

图 1-3   中国旅游三大市场主体旅游消费开支（收入）
曲线走势（1990—2012 年）

改革开放后的十年间，入境旅游一直是中国旅游消费市场的主体。但从图 1-3 来看，在旅游消费结构方面，已由旅游创汇收入主导转变为国内旅游消费支出主导，国内旅游消费快速增长，境外旅游消费已超过旅游外汇收入。国内旅游人均旅游消费水平逐年提高，22 年间年均增长 23.43%，增速远远快于国民经济的发展速度。

据联合国世界旅游组织（World Tourism Organization）的数据，中国已经是游客在国外消费额最大的国家。2012 年，中国游客的国外开支达 1020 亿美元，比 2011 年增加了 41%。2000 年，中国游客的国际旅行总次数仅为 1000 万次，2012 年增长到 8300 万次，12 年增长了 7 倍多。在境外花费总额位列第二位和第三位的德国和美国，分别是 838 亿美元和 837 亿美元。排名第四位到第十位的国家分别是英国（523 亿美元）、俄罗斯（428 亿美元）、法国（372 亿美元）、加拿大（351 亿美元）、日本（279 亿美元）、澳大利亚（276 亿美元）和意大利（264 亿美元）。①

3. 国内外旅游消费的升级分析总结

从高收入发达的八国人均出境旅游外汇支出来看，人均出境旅游外汇支出与国民经济发展水平有着密切关系，均是支撑旅游消费升级的基础，且能保持长期稳定态势，旅游消费升级前景乐观。从中国三大市场主体旅游消费支出来看，中国国内和出境旅游消费支出已经占据绝对优势，且呈现旅游需求潜力快速释放态势。因此，无论是从国外发达国家的旅游消费来看还是从中国国内旅游消费支出来看，旅游消费在升级，特别是中国居民的旅游消费在升级，而这是促进中国旅游产业规模与效率升级的根本动力。

二 旅游产业发展地位的提升

（一）国外旅游发展与产业地位的表现

1841 年以托马斯·库克为首的旅游先驱开辟了现代旅游操作模式。170 多年来是人类文明快速进步的时期，也是旅游活动和旅游产业快速成型而蓬勃发展的时期。在市场开放和经济全球化的背景下，目前世界各国都在积极发展入境和国内旅游，旅游产业规模不断扩大，产业的重要性不断强化，旅游产业受到更加积极重视，产业地位不断提升。对于低收入国家和发展中国家而言，旅游产业是赚取外汇和刺激经济发展的重要产业，也是改善人民生活的民生产业。对于高收入国家而言，旅游是发达国家的重要服务贸易出口产业，也是平衡国际收支和扩大经济及文化软实力的重要途径。

下面将主要聚焦在世界上八个高收入的发达国家中旅游业的表

---

① 世界旅游组织（www2.unwto.org），2014 年 2 月 15 日。

现，具体体现在其出游率、旅游外汇收支与国内生产总值（GDP）关系三个方面。这八个发达国家分别是加拿大、法国、日本、美国、意大利、德国、英国和澳大利亚，涵盖世界四大洲高收入的八个国家，有关数据采集自《国际统计年鉴》（1990—2008年），并计算了每一组指标的平均值①，见图1-4至图1-6及附录2。

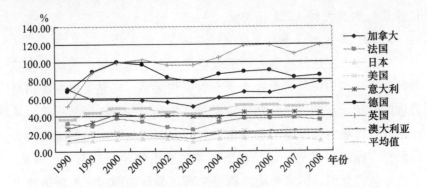

图1-4 世界高收入发达八国出游率曲线走势（1990—2008年）

从图1-4来看，近20年来，世界高收入发达八国出游率整体保持稳步上升趋势，平均值在47%左右，各国保持稳定分散态势。其中，英国出游率平均值在101%左右，高居首位；德国出游率平均值在87%左右，居于第二位；然后，依次是加拿大、意大利、法国、美国和澳大利亚。而日本出游率平均比重在13%左右，处于末位。

从图1-5来看，30年来，世界高收入发达八国旅游外汇支出GDP比重整体保持稳步上升趋势，平均值在1.7%左右，各国保持稳定分散聚类态势。其中，英国旅游外汇支出GDP占比平均值在2.7%左右，高居首位；德国旅游外汇支出GDP占比平均值在

---

① 国际旅游是敏感度比较强的产业，而一旦受到外部冲击如"9·11"事件和"非典"疾病等外部冲击的影响，则会影响一两年的有关指标（比重）的大小（下降）。而2008年全球金融危机影响范围则是在三四年。因此，图1-4到图1-6中2008年部分数据有下降的趋势，主要是受到全球金融危机的冲击，但目前已快速恢复。

2.6%左右，居于第二位；其后，依次是加拿大、澳大利亚、法国、意大利和日本。而美国旅游外汇支出 GDP 占比在 0.7%左右，处于末位。

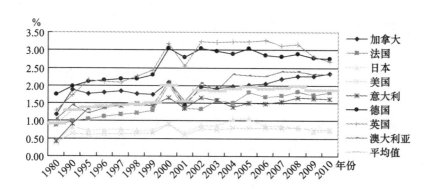

图1-5　世界高收入发达八国旅游外汇支出占 GDP

比重曲线走势（1980—2010 年）

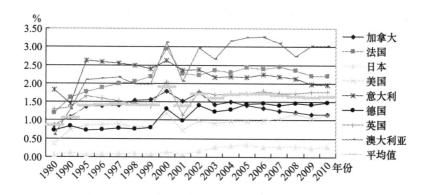

图1-6　世界高收入发达八国旅游外汇收入占 GDP

比重曲线走势（1980—2010 年）

从图1-6来看，30 年来，世界高收入发达八国旅游外汇收入占 GDP 比重整体保持稳步上升趋势，平均值在 1.5%以上，各国保持稳定分散态势。其中，澳大利亚旅游外汇收入占 GDP 比重平均值在 2.5%左右，高居首位；意大利旅游外汇收入占 GDP 比重平均值在 2.3% 左右，居于第二位；其后，依次是法国、英国、加拿大、德国和美国。而日本旅游外汇收入占 GDP 比重平均值在 0.2% 左右，处于末位。

通过图 1-4 至图 1-6 关于世界高收入发达八国旅游业与国家经济社会发展的关系分析可以看出：（1）世界旅游 30 年来保持稳定发展态势，三大指标在各国经济社会发展中表现突出，对于各国经济社会发展举足轻重；（2）从各国经济发达程度来看，整体上呈现出越是发达的国家，旅游业的三项指标表现越是突出，旅游业的产业地位越是重要；（3）同时看到，日本旅游在有关高收入八国分析的三项指标中有两项位于末位，一项指标位于倒数第二位，这说明日本是世界高收入发达八国中的旅游后进国家，而日本则提出了"观光立国"① 的战略。

与此同时，各国也在积极采取各种措施促进旅游业发展。在美国，入境旅游已成为一项重要的产业，是带动美国其他产业发展和国民就业的重要途径，而且美国正在通过包括观光旅游、商务旅游和修学旅游等旅游形式来吸引来自世界各地的旅行者。在日本，"观光立国"的产业政策正推动日本旅游产业的快速发展，有效地推进了日本入境旅游服务贸易的出口。在欧洲，欧盟一体化大大地便利了欧盟内部旅行条件，也对欧洲以外国家的游客极具吸引力。在东南亚，旅游业已经成为各国融入世界和实现本国经济快速发展的路径。澳大利亚也在积极吸引中国游客。结合近年来世界各国对待旅游活动的支持和欢迎态度，以及采取的各种便利化政策，可以得出如下结论：30 年来，国外旅游产业发展态势好，旅游产业地不断提升，旅游业正成为各国重点发展的产业。

（二）国内旅游发展与地位提升

中国旅游起源追溯到遥远的古代，但真正现代意义上的旅游则应该从新中国成立后中央政府对国外政要和观光旅游者的事业性接

---

① 田中景：《日本经济：过去·现状·未来》，中国经济出版社 2004 年版，第 210—226 页。

待说起，而旅游作为一项具有营利目的和进行产业化发展则应该从改革开放算起。1978 年，全国旅游入境总人数达 180.9 万人次，其中外国旅游者 23 万人次，港、澳、台同胞回乡探亲旅游人数 157.9 万人次；旅游外汇收入 2.63 亿美元，均创新中国成立以来最高纪录，超过以往 20 多年的总和。但全国国际旅游接待人数和外汇收入仅占世界国际旅游总人数的 0.089% 和国际旅游总收入的 0.38%。[①]此时，中国旅游业同蓬勃发展的世界旅游业相比，是微乎其微的，旅游事业亟待大力开拓。30 年来，中国旅游产业经历了从小到大，从以入境为主到入境、国内、出境三大市场蓬勃发展的转变，旅游产业规模不断扩大，旅游产业作用和产业地位不断提升，见图 1-7。

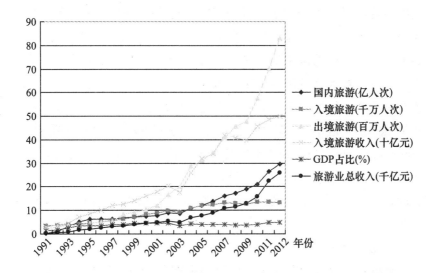

图 1-7 中国旅游产业发展规模与效益走势曲线（1991—2012 年）

中国旅游产业的发展大致经历了旅游事业发展阶段、旅游产业发展阶段、旅游支柱产业发展阶段和旅游战略性支柱产业发展阶段。[②] 下面从国家产业政策和学界关注点两个方面交叉来阐述中国

---

① 韩克华主编：《当代中国的旅游业》，当代中国出版社 1994 年版，第 38 页。
② 李仲广：《新中国成立 60 年旅游业发展的基本脉络》，《中国市场》2012 年第 1 期。

旅游产业地位的变迁。

1. 旅游事业发展阶段

古代的文人、僧人、商旅、王侯将相和帝王的旅行游览活动还只是少数人的活动，不是大众性的旅游活动，没有形成旅游事业。而把旅行游览当作一种事业来办是从 20 世纪 50 年代开始的（王立纲、刘世杰，1980）。新中国成立以后，世界旅游市场已开始进入大众旅游时代。但中国当时处于计划经济体制中，旅游被视为国家外事部门的组成部分，服务于中国外事外交总体战略和发展要求，更多考虑的是其在政治、文化和意识形态等领域的非经济价值和影响力。1981 年，国务院发布的《关于加强旅游工作的决定》中指出我国旅游业要"积极发展，量力而行，稳步前进"。1985 年，国务院原则批准的《全国旅游事业发展规划（1986—2000 年）》中指出要把"旅游业作为国家重点支持发展的一项事业"列入国家的"七五"计划，要大力发展旅游业，增加外汇收入，促进各国人民之间的友好往来，增加投资，国务院决定成立旅游协调小组，这标志着我国旅游业进入国家投资主导的新阶段。从中国期刊网（www.cnki.net）的期刊学术研究论文来看，旅游事业研究最早可追溯到 1979 年，到 1996 年达到顶峰（13 篇），也可以认为是旅游事业的延续期。因此，改革开放后的 20 年，旅游一直被称为旅游事业。

2. 旅游产业发展阶段

旅游产业发展阶段的第一个时期是旅游产业化阶段。旅游产业化阶段是指旅游事业过渡到旅游产业的阶段，此时的旅游产业在国家外汇创收中起到越来越重要的作用。1979 年，出现了中国旅游的第一批中外合资项目（北京建国饭店、北京长城饭店和中日航空食品公司）。1992 年，中共中央、国务院颁布的《关于加快发展第三产业的决定》中明确地将旅游业作为第三产业发展的重点，随后各级政府及有关部门陆续把旅游业列入国民经济和社会发展计划，还多次明确提出把旅游业作为支柱产业、重点产业或先导产业来发展。从中国期刊网的期刊学术研究论文来看，旅游产业的研究可以追溯到 1989 年。① 从 1996 年开始，旅游产业研究的文献数量迅猛增加，至今研究依旧高涨。这说明，中国旅游依然处在旅游产业化的进程之中。

旅游产业发展阶段的第二个时期是经济增长点时期。经济增长点时期主要是说明这一时期旅游外汇收入在国家外汇收入中快速增长的势头和在国民经济发展中发挥着重要的关联带动作用。1996 年以后的国民经济进入了新的成长阶段，也面临着一系列的困难，尤其是产业结构调整方面的困难。因此，如何围绕市场需要进行结构调整，大力开辟新的消费领域，增加最终需求，寻找和培育新的经济增长点就成为宏观决策的重大问题。由于旅游业符合确定新的经济增长点的五个基本原则②：一是要符合转变经济增长方式的要求，有利于经济增长的集约化；二是市场需求量大，有利于增加有效供给；三是产业关联度高，有利于带动相关产业的发展和结构升级；四是国际竞争力强，有利于扩大出口创汇；五是投资回收快，有利于形成经济的良性循环。因此，1998 年中央经济工作会议提出要把旅游业和房地产与信息业一起培育成为国民经济新的增长点。

旅游产业发展阶段的第三个时期是重要产业时期。重要产业时期说明旅游在国家经济和区域经济社会发展整体中的重要性和地位提升，在旅游业总收入（或称产值）上已经达到国内生产总值的一定份额，但还没有达到支柱产业的状态。从全国范围来看，21 世纪的头十年是中国旅游业建设成为重要产业的时期。1999 年，国家旅游局提出到 2020 年把我国旅游从亚洲旅游大国建设成为世界旅游强国。20 世纪 90 年代后在国内旅游迅速发展的背景下，我国旅游业发展战略是"大力发展国内旅游、积极发展入境旅游、有序发展出境旅游"。2009 年国务院《关于加快发展旅游业的意见》中新的表述为"以国内旅游为重点，积极发展入境旅游，有序发展出境旅

① 李赓：《产业关联：有待释放的潜在功能——中国旅游产业的现实思考》，《旅游学刊》1989 年第 2 期。

② 魏小安：《旅游发展的经济增长点战略》，《旅游学刊》1997 年第 5 期。

游"。以国内旅游为重点的发展格局奠定了中国旅游的重要产业地位。

3. 旅游支柱产业发展阶段

旅游支柱产业发展阶段则说明旅游在国民经济中的产业地位提升。产业经济学通常认为，一个产业创造的价值占 GDP 的 5%，则可称为支柱产业。20 世纪 80 年代，西班牙、瑞士、新加坡等国的旅游收入已成为国民经济发展的重要支柱（王立纲、刘世杰，1980）。而目前中国旅游产业正在支柱产业发展阶段，且越来越接近这一目标。从中国期刊网的期刊学术研究论文来看，旅游支柱产业的研究可以追溯到 1994 年。[①] 截至 2011 年年底，全国 30 个省市区将旅游业定位为支柱产业。[②] 从文献数量来看，以"旅游和支柱产业"为题的研究至 2000 年达到顶峰。

4. 旅游战略性支柱产业发展阶段

旅游战略性支柱产业发展阶段是指旅游业在国民经济中生产发展速度较快，对整个国民经济的长期发展和战略布局起到支撑和推动的基础性作用。战略性支柱产业具有较强的连锁效应：诱导新产业崛起；对为其提供生产资料的各部门、所处地区的经济结构和发展变化，有深刻而广泛的影响。我国现阶段的战略性支柱产业主要是机械电子、石油化工、汽车制造和建筑业。国际上一般认为一个产业的增加值占到 GDP 的 5% 以上，就是支柱产业，占到 GDP 的 8% 以上就是战略性支柱产业。国务院提出把旅游业建设成为战略性支柱产业以后，国家旅游局的基本思路是：推动旅游业与第一产业融合发展，重点发展乡村旅游；推动旅游业与第二产业融合发展，大力发展旅游装备制造业；推动旅游业与第三产业主要与文

---

① 沙元伟：《扬长避短发展旅游使之成为中国的支柱产业》，《旅游研究与实践》1994 年第 2 期。

② 潘晔：《全国 30 个省市区将旅游业定位为支柱产业》，新华网江苏频道，http://www.js.xinhuanet.com/xin_wen_zhong_xin/2012-04/06/content_25021701.htm，2012-04-06。

化、金融、交通、商务、医疗、体育、养老等产业融合发展。[①] 从中国期刊网的期刊学术研究论文来看，以"旅游业和战略性支柱产业"为题的研究开始于 2010 年，有关问题还在深入探讨中。

从国家对国民经济系统中旅游产业的政策和发展定位可以看出：（1）从中国旅游业发展历程和实践来看，中国旅游正在经历一场从"旅游事业"、"旅游产业"[②] 到支柱产业及"战略性支柱产业"的嬗变；（2）旅游产业地位变迁是一个连续的过程，难以真正地割裂成独立的阶段；（3）旅游产业的发展符合产业经济发展的一般规律，即根据产业经济学的一般规律，产业的产生和发展一般要经历这样一个历程：分工细化、分工专业化、规模化、产业化、新兴产业、主导产业、支柱产业和战略性支柱产业的历程。

三 国民经济转型升级

国民经济转型升级是发展经济学的研究核心，也是欠发达国家和地区经济长期发展的轨迹。1996 年以后的中国经济进入了新的成长阶段，也面临着一系列的困难，尤其是产业结构调整方面的困难。因此，如何围绕市场需要进行结构调整，大力开辟新的消费领域，增加最终需求，寻找和培育新的经济增长点就成为宏观决策的重大问题。特别是在中国经济取得 30 年高速发展后，高投入、高产出的粗放式发展模式不可持续，同时也带来巨大的环境问题。于是，如何实现国民经济"更好、更快地发展"，[③] 则成为国民经济转型升级的根本要求。2013 年全国"两会"期间，李克强总理在中外

---

① 裴钰：《旅游业建成战略性支柱产业》，http：//finance. sina. com. cn/leadership/mroll/20120319/125711622809. shtml，2013 - 03 - 19。

② 旅游事业与旅游（产）业概念的区别：旅游业是经济领域的概念，属于三次产业，衡量旅游业的指标主要有：旅游总收入、游客量等。旅游事业是社会领域的概念。它和教育、卫生、文化、科技等社会事业具有同等含义，同属于由政府提供服务的社会事业。因此，旅游事业主要指政府为人民群众游玩、休闲、度假提供的旅游设施、场所等。目前，在社会经济发展报告和年鉴中，还常见以旅游事业为题的章节。

③ 胡锦涛：《坚定不移沿着中国特色社会主义道路前进　为全面建成小康社会而奋斗——在中国共产党第十八次全国代表大会上的报告》，新华网，http：//www. xj. xinhua-net. com/2012 - 11/19/c_ 113722546. htm，2012 - 11 - 19。

记者会上首次提出打造"中国经济升级版"。① 中国经济长期面临消费不足和产业结构不合理的现状是国民经济转型升级的根本原因。

从中国期刊网文献资料来看，国内学者对国民经济转型升级的探讨始于改革开放后对境外快速发展国家（泰国和东亚）和地区（中国台湾）经济发展模式及经验的借鉴。随着中国改革开放的加快，国民经济发展速度加快，经济规模迅速提升。20 世纪 90 年代以来，国内学者对转型升级进行了积极探讨。转型升级的核心是寻找产业发展的新动力、新途径和新模式，促进产业更好地发展和产业效率的提升。而转变发展方式根本在于产业升级。

旅游产业的转型升级研究起始于 1999 年长假制度的调整。长假制度调整使得假日旅游兴起，这有力地促进了国内居民旅游和旅游产业及相关产业的大发展，此时的有关旅游转型升级的研究也主要是假日旅游的转型升级问题。此后，随着社会热点和学者关注点不同，有关旅游产业升级的研究被从不同角度加以解读和深化，如居民消费、信息化、二次创业、承载量提升、规划与保护、目的地进一步开发、目的地生命周期、目标定位、产品创新、旅游商品、标准化、综合改革、旅游创新、旅游强省、文化旅游和品牌建设等。

四　旅游战略性支柱产业建设

国民经济转型升级是旅游产业发展中的一个重要背景，而历次的经济和金融危机也是促进旅游产业发展的另一个背景。2008 年，国际金融危机爆发对我国日益开放型的经济发展模式产生了重大冲击。由于旅游业在我国扩大内需、促进增长、增加就业战略中具有更大发挥空间，成为带动经济增长、优化产业结构、改善人们生活的重要产业。2009 年国务院 41 号文件《国务院关于加快发展旅游业的意见》开篇指出，"旅游业是战略性产业"，"资源消耗低，带动系数大，就业机会多，综合效益好"，并在指导思想中，提出要把旅游业培育成"国民经济的战略性支柱产业和人民群众更加满意

---

① 高明勇：《专访姚洋："经济升级"：如何不被高增长打败》，《新京报》2013 年 5 月 6 日。

的现代服务业"。① 旅游战略性支柱产业的发展目标是：到 2015 年，旅游市场规模进一步扩大，国内旅游人数达 33 亿人次，年均增长 10%；入境过夜游客人数达 9000 万人次，年均增长 8%；出境旅游人数达 8300 万人次，年均增长 9%。旅游消费稳步增长，城乡居民年均出游超过 2 次，旅游消费相当于居民消费总量的 10%。经济社会效益更加明显，旅游业总收入年均增长 12% 以上，旅游业增加值占全国 GDP 的比重提高到 4.5%，占服务业增加值的比重达到 12%。②

通过中国期刊网搜索分析来看，目前关于旅游战略性支柱产业的研究主要涉及对该定位的理论内涵分析、促进建设和案例研究三个方面。罗明义（2010），李伟（2010），李志勇（2010），王玉川、姚启俊（2010），詹捍东（2010），吕本勋、罗明义（2011）等对旅游战略性支柱产业理论内涵、促进建设和实践案例进行了持续研究。有关学者对旅游战略性支柱产业内涵的理论研究有助于学界达成理论共识和国家政策的实施，丰富中国特色旅游产业经济理论建设和促进旅游战略性支柱产业目标的实现。有关促进建设的研究都是基于个人经验性实践提出的促进旅游战略性支柱产业建设，而缺乏从整体观的角度来对旅游战略性支柱产业进行系统研究，提出具有普适性的整体化策略。有关实践案例的研究也只是各地旅游管理部门或学者结合旅游战略性支柱产业建设目标提出的一些局部性实践性策略，缺乏对旅游战略性支柱产业这一国家目标的整体考量。因此，其科学意义和经验借鉴性十分有限。

总之，从有关旅游战略性支柱产业建设需要和已有研究成果来看：对"旅游业作为战略性支柱产业的定位"取得了广泛的共识，内涵和外延逐渐清晰，就是要发挥旅游产业自身优势，把旅游产业建设成为支柱产业。有关研究分别从财税政策、基础理论、金旅工

---

① 中华人民共和国国务院：《国务院关于加快发展旅游业的意见》，2009 年 12 月 1 日。

② 同上。

程、入境旅游、乡村旅游、法制建设、教育科研和职业教育等领域提出了促进之策，实践研究（南宁、厦门、上海和武乡县）得到重视。但从旅游产业升级的角度研究旅游业作为战略性支柱产业还是空白，缺乏旅游产业面向战略性支柱产业（国家目标）建设的原理和路径规律的研究以及评价体系的研究。

五 问题提出

旅游战略性支柱产业的定位为中国旅游业未来的发展提出了新的目标，但其更提出了一个中国旅游理论界急需回答的理论性问题，即如何构建、实现和评估旅游产业升级，以便更好地建设旅游战略性支柱产业。改革开放 30 年也是中国旅游产业不断发展的 30 年。世界旅游经济发展的大环境和中国经济转型升级的大背景是中国旅游产业升级面临的重要机遇。中国旅游产业经历了多次的战略定位，正迎来转型升级的关键时期。中国旅游产业升级的未来发展的方向、路径和判断标准是什么？这些都是理论上和实践上亟待回答的问题。本书就是以此为背景，在对世界主要发达国家旅游产业发展进行研究和对中国旅游产业发展进行系统回顾的基础上，对中国旅游产业升级的定义内涵、升级机制、升级测度、升级路径和政府职能进行系统审视和审慎研究，以期为中国旅游产业升级提供整体性思维，进行理论上科学的回答，并对中国旅游产业升级提供方向、路径和策略上的建议。

第二节 研究综述

旅游产业升级问题是旅游业面向战略性支柱产业建设中的产业升级问题。因此，下面将从旅游产业升级概念、旅游产业升级内容、旅游产业升级结构、旅游产业升级的规模与效率四个方面加以述评和总结，以全面把握旅游产业升级相关问题研究进展。

一 旅游产业升级概念的述评

我国旅游业 30 多年来取得巨大的成就，使得旅游业在国家产业发展的战略性支柱产业的地位逐步得到了认同，但同时旅游产业发展面临着诸如企业利润低、长期处于观光旅游层次和市场秩序混乱等方面的问题，使得学界和业界对旅游产业升级进行了积极研究和关注。

各学者对旅游产业升级概念的相关研究大都从旅游产业结构入手。林南枝和陶汉军（1994）、罗明义（1994，2001，2009）、迟景才（1998）、王大悟和魏小安（1998）都对旅游产业结构概念进行过论述。而"国内有关文献对旅游产业结构的定义，基本上是大同小异的"。① 总体来看，旅游产业升级就是旅游产业结构合理化基础上的高级化。合理化是旅游行业间相互协调能力的加强与关联水平的提高，促进旅游产业与国民经济各产业体系间的动态均衡，促进旅游产业内部各部分以及组成部分间的动态平衡，促进旅游产业内部各组成要素的素质提高。高级化是指旅游产业结构，特别是旅游产品结构由相对单一的初级观光产品向度假、休闲、会议、娱乐、专项旅游等多种产品形式并存的状态转化，以及旅游地域格局的优化，即旅游产业结构从低水平向高水平状态的发展（崔凤军，2002）。王琴琴（2010）研究了我国旅游产业升级特征、动因及其发展思路，对旅游产业升级进行了粗略的描述性研究，但没有把握住旅游产业升级的本质和一般性规律，对策零散而不具有系统性。总之，旅游产业升级概念主要还是依托旅游产业结构的合理化和高级化理论，且没有形成一个具有标准化意义的研究对象。因此，对于什么是旅游产业升级缺乏针对性和科学性的探讨。

二　旅游产业升级内容的述评

通过关键词"旅游"（tourism）和"升级"（upgrading）在中国期刊网的期刊论文数据库和 Google 学术对文献查询及挖掘并分类研究后发现，目前关于旅游产业升级的研究主要集中在以下几个方面：

---

① 罗明义：《旅游经济分析：理论、方法和案例》，云南大学出版社 2010 年版。

1. 关于外部环境与旅游产业升级

Cooper C.、Fletcher J.、Noble A. 和 Westlake J.（1995）论述了在东欧（罗马尼亚）市场经济转型过程中，旅游是经济转型的中心，如传统社会旅游消失。因此，有必要对东欧旅游产品（温泉）升级和重新定位以吸引外国旅游者和投资商。马波（1999）在国内较早地研究了中国旅游产业的转型，并从发展模式、市场供求关系、产业增长方式、产业空间布局和产业组织结构五个方面进行展望。马波（2004）认为，奥运旅游应注重促进产业升级。易军（2008）研究了以奥运为契机，推进大连旅游产业的升级。刘少和（2009）研究了全球化、经济社会转型与旅游产业转型升级的关系。李悦铮（2010）从产业结构调整的角度研究旅游的发展。唐晓云（2010）研究了信息技术对我国旅游产业转型升级的推动。朱铨、王贞力（2010）以丽水市为例探讨了转型升级背景下旅游可持续发展对策。李仲广（2012）指出，随着 21 世纪我国外贸的大发展和旅游业的创汇功能持续下降，旅游业进入转型升级时期。[①] 可见，中国旅游产业升级问题较早就引起了学者们的关注，这是在国家经济转型升级下的必然选择，受到诸如全球化、奥运会、信息技术和外贸发展等外部环境事件的激发，但有关研究都仅仅将旅游产业升级作为一个模糊的概念或仅仅视为一个方向而已，而没有对旅游产业升级本身进行深入的探讨，因此缺乏科学上的严谨性。

2. 在旅游产业升级机制和途径方面的探讨

Paris A. Tsartas 和 Dimitrios G. Lagos（2006）在研究希腊旅游发展政策时提出，在战略上要对酒店基础设施和特种旅游需要的基础设施加以建设升级，对旅游部门人力资源的资质和技能加以升级；在策略上要强化企业和旅游业投资促进规模扩张，升级旅游产品，也可以通过为发展和发达国家游客升级、提出和促销旅游目的的特殊活动，以便吸引更多游客。廖莉霞（2010）从内在和外在两

---

① 李仲广：《新中国成立 60 年旅游业发展的基本脉络》，《中国市场》2012 年第 1 期。

方面研究了重庆区域旅游产业素质高级化的机理后认为，旅游资源是重庆区域旅游产业素质高级化的基础，旅游企业的发展是重庆区域旅游产业素质高级化的内在动力；外在机理包括政府宏观调控机理、经济影响机理和社会环境影响机理。① 何莉萍（2011）从文化创意的角度探讨了旅游产业优化升级问题。而 Michelle Christian、Karina Fernandez – Stark、Ghada Ahmed 和 Gary Gereffi（2011）认为劳动服务贸易是发展中国家获得旅游收益的重要内容，其通过全球价值链对旅游产业的全球化组织方式进行回顾，指出可以劳动力的开发为路径，并促进发展中国家旅游经济的升级。孙琦、赵树权、李刚、张学龙（2012）认为，旅游产业转型升级的途径是旅游产业自身的转型升级、政府部门的转型升级和社区参与的转型升级。② 谢娟（2012）对信息化推动民族地区旅游产业转型升级的作用与机制进行了系统研究。③ 可见，上述有关旅游产业升级的机制和途径的探讨主要从系统性描述研究入手，从多方角色参与进行构建，缺乏产业经济本质方面的研究。

3. 关于旅游产品升级

Peter J. Buckley（1990）对国际旅游市场在欧洲中央计划经济体中的规模和未来潜力的重要性进行了评估和确认后认为，这些国家的旅游发展落后于西欧，比如游客数量和旅游收入的绝对数量，这是受限于交通、旅游供给质量差、有限的营销/促销和政治因素。这些国家可以通过独特的旅游资源、更加开放的市场和引进外部资本来发展自身旅游。但最紧要的是对整个旅游产品进行升级。国内旅游产品升级集中在以下几个方面：（1）乡村旅游。吴必虎、伍佳（2007）探讨了中国乡村旅游的升级问题。马治鸾（2008）研究成

① 廖莉霞：《重庆区域旅游产业素质高级化机理研究》，硕士学位论文，重庆理工大学，2010年。

② 孙琦、赵树权、李刚、张学龙：《中国旅游产业转型升级的途径分析》，《科技向导》2012年第32期。

③ 谢娟：《基于信息化的民族地区旅游产业发展研究——以张家界市为例》，硕士学位论文，吉首大学，2012年。

都乡村旅游产品优化与升级问题。胡敏（2009）从专业合作组织的角度论述了乡村旅游发展模式的升级。诸丹、袁力（2009）以成都市为例研究创意农业对乡村旅游产业的作用。徐福英、刘涛（2011）研究了新形势下我国乡村旅游转型与升级。杨阿莉（2011）从产业融合的角度探讨了乡村旅游的优化升级。王小兰（2011）从结构的视角研究了成都市乡村旅游升级。马龙龙（2011）从结构视角研究了乡村旅游升级的策略。刘站慧（2012）研究了韶关市乡村旅游产业升级的路径与对策。王慧等（2012）以沈阳市为例研究了农业旅游的发展与升级策略。（2）度假旅游。丁宗胜（2006）指出度假旅游是无锡旅游产业升级的新高地。杨振之、李枫（2010）研究了度假旅游与区域旅游业的转型升级关系。邓艳萍（2011）从转型升级视角研究了江西温泉旅游资源的深度开发。（3）文化旅游。江金波（2009）从剧场化、园区化研究了客家文化旅游产品整合升级。徐胜兰、陈洪德（2009）以兴文天泉洞为例研究了溶洞旅游产品的升级。黄沛、陆雅婷（2009）从消费结构升级出发研究了旅游产品的创新。李颜（2010）从转型升级的角度研究了广东文化旅游的发展。杨洪、邹家红、朱湖英（2010）研究了湖南省红色旅游优化升级。高颖（2010）研究了昆明市文化旅游创意升级。杨阿莉（2010）从生态理念出发研究了丝绸之路旅游品结构优化与升级。辛儒、张淑芬（2010）以河北曲阳石雕的旅游开发为例认为，产业化与产业升级是开发和保护非物质文化遗产的途径。赵纯等（2011）研究了丽江市文化旅游产业的转型升级。（4）生态旅游。杨主泉（2011）构建了生态旅游产业转型升级的驱动模型。李雪瑞（2011）从创业产业动力角度研究了鄱阳湖生态区旅游产业升级。王连巧（2012）研究了河南省太行山区生态旅游品牌的升级。可见，旅游产品升级是旅游产业升级研究的一个重点，吸引了不少学者的参与，这主要是受到信息电子产业/产品（如电信网络的2G、3G和4G以及智能手机的软硬件升级）升级思路的影响。但相对于旅游产业升级这一根本命题而言，旅游产品升级只是旅游产业升级的表象，而不是旅游产业升级的原因。

4. 关于区域（省、县、城市以及大型景区）旅游产业升级

Sheela Agarwal（2002）在重构海滨度假地生命周期时提到，投资于住宿设施升级，并增设旅游辅助设施，如保龄球和电影等能够改善度假地与外部环境的关系，改善外部环境负面的影响，并使得度假地在一段较长时期内的过夜游客数量增加，进而突破生命周期的限制。Marina Novelli、Birte Schmitz、Trisha Spencer（2006）指出，由于中小企业高度依赖旅游业，在英国传统度假地和主要海滨城市长期逗留游客市场份额的减少是这些地方经济下滑的主要原因。巩固和升级旅游吸引物和设施已被长期确定为扩大市场和减少季节性以提升对长期逗留游客竞争力的策略。徐云松、邓德智（2004）研究了杭州西湖旅游产品的升级。胡雪君（2008）以千岛湖为例研究了旅游产业升级。谢春山、魏巍（2009）研究了辽宁省的旅游产业转型升级策略。袁绪祥（2009）研究了推动桂林旅游产业转型升级的策略。高凌江（2010）研究了北京旅游产业素质升级的机理及对策。孙名源（2010）研究了云南旅游产业的转型升级。吴俊（2010）以浙江省淳安县为例研究县域旅游转型升级中的路径依赖与突破。赖江明（2011）研究了海南旅游产业转型升级。肖海平等（2011）从旅游满意度的角度研究了郴州市旅游转型升级策略。黄顺红、梁陶（2011）研究了四川省古蔺县的旅游产业转型升级策略。王旺青（2012）研究了河南省旅游产业转型升级。袁海霞（2012）研究了中原经济区建设与旅游产业升级。樊信友、张玉蓉（2012）研究了传统景区升级的驱动与路径。徐云松、詹兆宗（2012）从旅游公共服务体系建设的角度论述了杭州旅游转型升级。胡晓晶、李江风（2012）研究了六盘水城市转型中的旅游产业升级问题。区域旅游产业升级多从区域旅游目的地/景区再开发的角度进行探讨，试图通过注入新的要素，或通过重建旅游发展模式来实现或推动旅游产业升级。区域旅游产业升级的案例研究，在实践上丰富了旅游产业升级的研究，但没有能够呈现出旅游产业升级的一般性规律。

三 旅游产业升级结构的述评

兰珊（1998）从结构优化升级入手，探讨了桂林旅游的发展。王兆锋、杨卫书（2008）运用演化理论研究了旅游产业结构升级优化。刘文波、丁力（2009）认为，网络化是旅游产业结构升级的必然选择。黄蔚艳（2009）研究了我国区域旅游产业结构升级。王兆锋（2011）研究了湖南旅游产业转型与结构升级优化。陈淑兰、刘立平（2011）从文化创意角度研究了河南省旅游产业结构优化升级。扬琴、王兆锋（2009）以湖南为例构建了旅游产业升级优化创新模型。麻学锋（2010）研究旅游产业结构升级的动力机制与动态演化。王兆锋（2011）从产业集群角度研究了旅游产业结构升级优化的传导机制与途径。从产业结构研究旅游产业升级的确抓住了旅游产业升级本质，或者说旅游产业升级本质上就是一个结构性问题。但上述仅限于旅游产业结构变迁或演化或升级的研究难以真正全面展示旅游产业升级的全部内涵，也难以把握住旅游产业升级的一般性规律。

在产业集群升级方面，Patrice Braun（2005）认同技术进步支撑了全球经济，地理位置和集聚因素是旅游业发展的最重要因素之一。同时指出，中小企业集聚和价值并不会自然建立。成功的旅游目的地产业集群必须通过升级中小企业的绩效，分析当地价值链，对当地可见和不可见的资源加以匹配，如系统、领导力、关系和与需求价值细分的品牌。Julie Jackson 和 Peter Murphy（2006）认为，产业集群已经成为旅游发展的重要力量，但也指出集群组织者要超越营销和短期商业行为的局限，通过投资和持续的产业升级来塑造当地旅游业的未来。王兆锋（2011）从产业集群的角度研究了旅游产业结构升级优化的动力机制。卞显红（2010）以杭州国际旅游综合体为例研究创新网络和集群品牌视角的旅游产业集群升级。蓝照光（2011）研究了柳州体育旅游产业群的升级转型。在价值链升级方面，李传恒（2007）以游轮产业为例探讨了服务业价值链扩张与区域旅游产业升级问题。马丽仪、范蓓、田彩云、田玲（2010）从旅游服务价值链的角度研究了旅游产业升级。张晶（2012）从旅游产业链视角研究了贵州乡村旅游的转型。在旅游企业升级方面，王群（2009）认为，中国旅游企业的转型升级要走国际之路、创民族品牌。邵小慧等（2010）从国际旅游岛建设视角研究了海南旅行社产业转型升级的路径及对策。在服务创新与旅游产业升级方面，徐文燕（2010）从服务创新角度论述了旅游产业转型与升级。覃文乐（2010）从张家界市景区门票价格改革出发探讨了旅游转型升级。在旅游服务贸易升级方面，孟令岩（2010）研究了辽宁旅游服务贸易升级的策略。马琳、付景保（2011）还从出境旅游外汇漏损角度研究了旅游贸易中的产业升级。产业集群或产业集聚是产业发展中的一般规律，这是由资源因素、区位因素、集聚的外部经济性、路径依赖等多重原因共同作用的结果，因此它绝不是旅游产业升级的原因，也不是旅游产业升级的结果；而旅游企业、服务创新和旅游服务贸易方面有关旅游产业升级的研究，零散而难以相互系统协调，不能抓住旅游产业升级的本质。

四 旅游产业升级的规模与效率研究述评

1. 旅游产业升级的规模研究述评

旅游产业升级的规模研究的核心是旅游经济的增长。现将有关旅游经济增长方面的主要研究和发现做如下回顾：袁虹和吴丽（2005）运用灰色关联法对中国旅游业发展与居民收入、家庭恩格尔系数、国内旅游人数、交通环境等因素的关联度进行测量，得出便利的交通环境是影响旅游业发展的关键因素。陈海波等（2006）采用 Panel – Data 模型对江苏省旅游接待人数与旅游经济增长的内在关系进行研究，得出旅游接待人数的增加可有效地增加地区旅游收入。梁艺桦等（2006）运用灰色关联动态分析方法对影响我国旅游发展的因素进行判别，得出全国图书、杂志和报纸出版量因子的灰色关联度最高。唐晓云（2007）对旅游经济发展的影响因素进行主成分回归分析，认为我国旅游经济发展主要受居民可支配收入、制度因素、固定资产投入、劳动力投入等因素的影响。① 王瑾（2008）通过建立计量经济学模型来分析影响我国国内旅游市场（1994—2005年）需求的因素后认为，影响中国国内旅游需求的主要因素是我国居民的收入、交通的完善程度等。雷平、施祖麟（2009）利用多变量序列分量方差分析模型，对1984年至2005年相关变量时间序列数据的计量分析发现，国内旅游需求变化主要受经济增长速度影响；餐饮、零售产业对国内旅游推动较大；交通运输业的发展对国内旅游几乎没有影响；城乡居民生活水平的提高对国内旅游需求增长贡献有限。以国外发达国家作为参照，并将居民消费结构中旅游消费需求增长速度与生活水平改善速度相比较后认为，我国还没有真正进入国内旅游高速增长阶段。② 成英文（2010）③ 对中国旅游经济增长及其决定因素进行了系统的研究。宋慧林、宋海岩（2011）根据1998—2009年的数据运用空间面板数据模型，研究了省域旅游创新与旅游经济增长的关系后发现：旅游创新推动当地旅游经济的增长，并对邻近区域的旅游经济产生正向的溢出效应。④ 向艺、郑林、王成璋（2012）对大陆31个省、市、自治区的数据进行了空间计量模型化研究后发现：旅游接待设施数量的增加、居民消费水平的提高对旅游经济增长具有显著的促进作用；旅游景区数量的增长对旅游经济的增长作用不显著；而交通里程的增长对旅游经济的增长具有反向作用。⑤ 罗文斌、徐飞雄、贺小荣（2012）通过构建 Engel－Granger 两步协整分析模型和格兰杰因果检验模型，基于1978—2008年的数据，论证了由经济增长和第三产业增长到旅

---

① 唐晓云：《中国旅游经济增长因素的理论与实证研究》，博士学位论文，天津大学，2007年。

② 雷平、施祖麟：《我国国内旅游需求及影响因素研究》，《人文地理》2009年第1期。

③ 成英文：《中国旅游经济增长及其决定因素研究》，硕士学位论文，北京第二外国语学院，2010年。

④ 宋慧林、宋海岩：《中国旅游创新与旅游经济增长关系研究——基于空间面板数据模型》，《旅游科学》2011年第2期。

⑤ 向艺、郑林、王成璋：《旅游经济增长因素的空间计量研究》，《经济地理》2012年第6期。

游发展的单向格兰杰因果作用关系，其中，第三产业的发展对旅游业的发展影响更大。[①] 方叶林、黄震方、胡小海（2013）研究发现，旅游发展需要更多地依赖旅游基础设施、区位因素、产业结构、相关支持政策等因素共同作用。[②]

从上述有关旅游经济增长研究回顾分析来看：（1）有关学者从供求多角度和运用不同方法进行了研究，涉及旅游经济增长的各层面相关因素，但各自对影响因素的考察还是不够全面。（2）相关研究得出比较统一性的结论就是经济社会环境的改善对旅游经济增长的促进作用；但有的结论也相互矛盾，比如袁虹和吴丽（2005），雷平和施祖麟（2009），向艺、郑林、王成璋（2012）等对交通与旅游经济增长的关系结论大相径庭，此外还包括旅游接待设施（旅游景区）作用上的分歧。因此，旅游产业升级的规模研究有必要从更广泛的领域探索旅游经济增长的影响因素。

2. 旅游产业升级的效率研究述评

近十年来，有关旅游产业升级的效率研究业已成为旅游产业经济的一个重点研究领域，使用的研究方法主要有数据包络分析法、索洛余值分析法和随机前沿分析法等。

在数据包络分析法（Data Envelopment Analysis，DEA）方面，Carlos P. Barros 和 Fernando P. Alves（2002）研究了葡萄牙国有酒店连锁企业 1999 年到 2001 年的生产效率，测算全要素生产率，并根据生产率变化进行排序。研究发现，有一些酒店生产效率提升，而另一些酒店生产效率下降，并提出了促进效率的一些措施。陈浩、彭建军（2004）运用 DEA 方法的 C2R 模型对广东星级酒店行业的相对效率进行定量研究和评估，为中国酒店业规模总量迅速增

---

① 罗文斌等：《旅游发展与经济增长、第三产业增长动态关系》，《旅游学刊》2012年第10期。

② 方叶林等：《安徽省旅游资源错位现象及相对效率评价》，《华东经济管理》2013年第6期。

长和其经营效益持续下降的困境寻找解决途径。① 彭建军、陈浩（2004）运用 DEA 方法的 C2R 模型对北京、上海、广东星级酒店的相对效率进行定量研究和整体分析，并分别对一、二星级酒店、三星级酒店和高星级酒店提出了对策建议。② 陈浩（2005）使用 DEA 方法的 C2R 模型定量研究了浙江星级酒店的相对效率，为寻找酒店行业的竞争力寻找依据和途径。③ 黄丽英、刘静艳（2008）运用 DEA 方法的 CCR、BCC、NIRS 基本模型定量研究了中国八个省域的高星级酒店的技术效率、纯技术效率、规模效率和规模报酬的变化情况，为我国高星级酒店的投资与发展提供参考。④ 马晓龙、保继刚（2009）基于 1995 年、2000 年和 2005 年中国城市的数据，运用数据包络分析方法对中国 58 个主要城市旅游效率进行计算和分解，发现规模效率对总效率的影响最大、技术效率和利用效率对总效率的影响相对较弱，且呈现稳定态势。作者认为，区域经济不平衡性、城市旅游资源投入规模的差异性是导致以上特征的根本原因。该文还研究了不同区域提高城市旅游发展效率的途径。⑤ 韩元军等（2011）基于 2009 年中国旅游数据运用 DEA 分析技术进行中国旅游服务质量规制与产业效率的实证经验，提出了旅游服务质量规制强度和旅游产业综合技术效率关系的"TQ 定律"，即认为综合技术效率与旅游服务质量规制强度呈"U"形关系。⑥ 周云波等（2010）基于 2001—2007 年的数据，运用 DEA - BCC 模型和 Malmquist 指数对中国旅游业的静态效率与动态效率进行了定量分析，发现旅游业

① 陈浩、彭建军：《从投入产出效率的角度分析广东星级酒店发展》，《商业经济文荟》2004 年第 3 期。

② 彭建军、陈浩：《基于 DEA 的星级酒店效率研究——以北京、上海、广东相对效率分析为例》，《旅游学刊》2004 年第 2 期。

③ 陈浩：《基于 DEA 的浙江星级酒店效率评价》，《江苏商论》2005 年第 8 期。

④ 黄丽英、刘静艳：《基于 DEA 方法的我国高星级酒店效率研究》，《北京第二外国语学院学报》（旅游版）2008 年第 1 期。

⑤ 马晓龙、保继刚：《中国主要城市旅游效率影响因素的演化》，《经济地理》2009 年第 7 期。

⑥ 韩元军等：《中国旅游业服务质量规制与产业效率提升》，《财贸研究》2011 年第 10 期。

整体技术效率低下、纯技术效率低下；全要素生产率整体呈现区域不平衡分布且缓慢增长的态势，而技术进步缓慢是主要原因；资本要素与劳动要素有较大的提升空间。① 左冰（2011）使用中国大陆31 个省（市、区）的历史面板数据，分析了中国旅游经济增长的影响要素及其贡献后发现，中国旅游经济的增长来自要素投入特别是资本投入而不是技术投入，是典型的要素驱动型增长。② 方叶林等（2013）③ 从旅游资源开发利用率出发，基于 DEA 分析和错位指数对安徽省旅游资源的相对效率和错位现象进行了研究。张广海、冯英梅（2013）基于 2000—2010 年的数据，运用数据包络分析法研究了中国旅游产业效率。结果显示我国旅游产业效率整体水平较低，旅游产业效率区域差异不大；2003 年之后各地区旅游产业效率均有了一定程度的提高，同时旅游产业效率区域差异开始收敛。④

在索洛余值分析方法方面，朱顺林（2005）从技术效率的角度研究了中国省域旅游产业效率后发现，旅游产业综合技术效率低下的原因是各区域纯技术效率低下，可以通过转变产业增长方式、整合产业链、建立和完善产业创新体系等途径来提高旅游产业的技术效率。⑤ 唐晓云（2007）通过索洛方程的回归发现，我国旅游经济增长的主要源泉是资本投入，且不断加深，而效率却在下降。对我国东、中、西部的比较研究发现，东部地区的生产要素投入效率高于中、西部地区，旅游产业化水平越高的区域生产要素投入效率相

① 周云波等：《中国旅游业效率评价与投入改进分析》，《山西财经大学学报》2010年第 5 期。

② 左冰：《中国旅游经济增长因素及其贡献度分析》，《商业经济与管理》2011 年第10 期。

③ 方叶林等：《安徽省旅游资源错位现象及相对效率评价》，《华东经济管理》2013年第 6 期。

④ 张广海、冯英梅：《我国旅游产业效率测度及区域差异分析》，《商业研究》2013年第 5 期。

⑤ 朱顺林：《区域旅游产业的技术效率比较分析》，《经济体制改革》2005 年第 2期。

对高。① 李仲广、宋慧林（2008）基于中国旅游企业1996—2005年的有关数据，采用丹尼森要素法，分析了中国旅游业增长的要素贡献。研究发现，此间旅游业主要依靠劳动投入获得增长，而资本及其效率、技术、管理等全要素贡献率低。② 黄秀娟（2009）利用C—D生产函数、回归分析技术和索洛余值法对1996—2006年中国旅游产业经济增长进行研究后发现，资本和劳动要素的增加是中国产业经济增长的源泉。③ 饶品祥（2012）通过GLS估计方法建立中国旅游业线性模型和索洛余值增长模型，发现中国旅游产业的增长很大程度上源于资本、劳动力投入的增长、要素利用率的提高而非技术进步，仍然处于投资驱动型增长模式。④

在随机前沿分析法方面，朱承亮等（2009）基于2000—2006年的数据，运用随机前沿生产函数对中国省域旅游产业效率进行分析后发现，我国省域旅游产业效率呈稳步上升态势，但总体水平不高。⑤

此外，为了促进旅游市场有效率地运转，田喜洲、王渤（2003）针对旅游企业的效益和整体市场效率低的情况，以旅行社产品为例进行旅游市场博弈和均衡分析后指出，政府加强市场监管是提高旅游市场效率的最佳选择。⑥ Adam Blake M. Thea Sinclair 和 Juan Antonio Campos Soria（2006）运用一般均衡模型结合调查及数据分析对英国旅游企业的物质资本、人力资本、创新和竞争环境因

---

① 唐晓云：《中国旅游经济增长因素的理论与实证研究》，博士学位论文，天津大学，2007年。

② 李仲广、宋慧林：《中国旅游业增长的要素贡献率》，《辽宁工程技术大学学报》2008年第2期。

③ 黄秀娟：《中国旅游产业经济增长的因素贡献分析》，《技术经济》2009年第7期。

④ 饶品祥：《中国旅游产业增长的技术因素及其贡献分析》，《郑州大学学报》（哲学社会科学版）2012年第4期。

⑤ 朱承亮等：《基于随机前沿生产函数的我国区域旅游产业效率研究》，《旅游学刊》2009年第12期。

⑥ 田喜洲、王渤：《旅游市场效率及其博弈分析——以旅行社产品为例》，《旅游学刊》2003年第6期。

素生产力的研究后发现，上述因素都能促进效率和效益，特别是人力资本和创新。海米提·依米提、普拉提·莫合塔尔、田晓霞（2009）运用产品捆绑定价模型，对包含两个旅游景区的保留价格—保留时间的模型，进行闲暇时间约束下的一票制定价及其效率研究，发现多因素影响一票制的效率；非一票制在增加效益方面优于一票制。① 戴斌 2010 年承担的国家社会科学重大基金项目《全面提升旅游业发展质量》（10ZD&051）进行了有关产业运行质量和水平广泛的研究，并对旅游服务质量的满意度进行了调查研究。范卓奇（2011）基于当前我国旅游大发展的背景，从排队管理提升旅游企业的业务效率入手，研究了排队现象中涉及的退出成本高、群体性为主、明显的季节性、忍耐度和旅游吸引力等因素关系，从行业、企业、心理、主体和利用五个层面对服务生产率的改善提出了建议，并对世博会进行案例研究。②

从上述有关旅游产业效率研究回顾来看：（1）目前关于旅游产业效率的研究主要从区域经济及其相对效率提升的角度展开。（2）研究的对象多是省域层面和酒店行业。（3）数据包络分析由于其简单易行成了比较有代表性的旅游产业效率分析方法，C2R 模型是旅游酒店效率研究常用的计量经济模型。（4）旅游产业效率的研究有市场效率、经济效率和服务效率之分，但以经济效率为主。（5）由于现有研究主要着眼于省域或行业层面，有关结论也具有省域间相对性，难以指导国家层面的旅游产业的发展；而有关研究也是鲜见从整个国家的旅游产业层面以及从旅游产业各行业层面进行相对综合的分析，这方面是一个需要深入探索研究的关键领域。

五　旅游产业升级研究评价的总结

国外旅游产业升级相关研究多与经济转型、全球价值链理论和旅游地生命周期理论相关。而我国是从计划经济向市场经济转型的

① 海米提·依米提、普拉提·莫合塔尔、田晓霞：《旅游景区一票制及其效率——基于产品捆绑定价模型的经济学分析》，《旅游科学》2009 年第 6 期。
② 范卓奇：《基于服务生产率的旅游者排队管理研究》，硕士学位论文，上海师范大学，2011 年。

国家，处于东亚经济圈中，包括旅游业在内的产业升级多从产业结构升级范式来进行相关研究。同时，旅游产业升级的规模与效率研究相互分离，没有得到有效整合。

从研究时序来看，旅游产业（转型）升级的有关研究从1990年以来逐渐引起了学者的关注，研究成果逐年递增，研究的领域不断扩大，研究深度逐步得到体现。从研究主要的理论依托来看，旅游产业升级主要涉及产业结构理论、产业集群理论、价值链理论、创新理论、经济增长理论和生产效率理论。

从研究重点来看，主要集中在旅游产品升级、区域旅游产业升级、产业结构升级，以及与旅游产业升级相关的规模和效率五个领域。在旅游产品升级领域，探讨最多的是乡村旅游产业升级和文化旅游产业升级。在区域（景区）旅游产业升级领域，主要涉及景区型（海滨度假地、杭州西湖、千岛湖和传统景区）、城市型（桂林、北京、郴州、杭州和六盘水）、县域型（淳安县和古蔺县）、省域型（海南、云南和河南）和国家型（东欧）以及全球旅游价值链上劳动力升级。旅游产业结构升级是产业经济学产业结构理论在旅游业的具体运用，其中王兆锋（2009，2011）和麻学峰（2011）进行了深入的研究，涉及旅游产业升级优化创新模型、旅游产业结构转型、结构升级、旅游产业结构升级的动力机制与动态演化、升级优化的传导机制与途径等。旅游产业升级的规模研究重点是旅游经济增长，目的是探讨旅游经济增长的驱动要素和旅游与国民经济间的互动关系。旅游产业升级的效率研究重点是酒店效率、区域效率和相对效率，以探讨生产要素的效率类型和变化。

已有研究取得的进步包括：随着研究角度和领域的拓展，旅游产业升级的研究呈现多元化和多领域的态势，逐渐在相关的理论借鉴使用和推进旅游产业升级的理论认识及构建上取得了进步，逐渐跳出前期的"创新视角"（新角度、新思路）和"集合策略型"（多措并举）研究的模式，开始走向依托成熟的理论基础、基础理论模型构建和定量分析，旅游产业结构的合理化、高度化和生产效率研究逐步得到体现，相应的研究成果也更具有理论创新价值和现实指导意义。

需要深入探讨的领域有：已有研究多以案例研究为主，研究对策主要作用领域也只是局部性管理；已有研究在定性研究方面体现多角度和多领域特征；在定量研究方面集中在产业结构优化升级、旅游经济增长和旅游产业效率研究领域。而对旅游产业升级的一般性原理的专门研究相对缺乏，即在旅游产业升级概念、内涵、特征、机制、评价和测度领域的研究极其缺乏，更缺乏融合上述多种方法进行有关旅游产业升级的实证研究。

总之，旅游消费升级是旅游产业升级的原动力，旅游产业地位的变迁为旅游产业升级夯实了历史根基，国民经济转型升级为旅游产业升级和旅游战略性支柱产业建设提供了现实背景，旅游战略性支柱产业建设为旅游产业升级描绘了方向和远景目标。同时，可以清晰地看到：（1）大多数研究是从转型、增长或效率的单一思维角度进行有关研究，而很少有人从产业变迁的升级思维来进行旅游产业发展和旅游战略性支柱产业建设，即没有从产业经济的角度对旅游产业升级的一般原理进行系统研究和实证评价；（2）旅游产业升级相关研究相互分离，难以形成支撑旅游产业升级的整体框架；（3）旅游产业升级相关研究多与旅游战略性支柱产业建设研究相对分离，还没有人从事面向战略性支柱产业建设的旅游产业升级研究；（4）有必要从旅游产业升级的一般原理出发，面向战略性支柱产业建设来探讨旅游产业升级的机制，并进行实证性评价和对策研究。

第三节　研究目的与意义

一　研究目的

本书基于中国旅游产业发展历史实践，瞄准旅游产业发展的国家战略，以建设旅游战略性支柱产业为目标，探讨旅游战略性支柱产业建设中的旅游产业升级这一重大理论问题。旅游产业升级的研究将为旅游战略性支柱产业的建设提供理论基础、实证评价依据、市场路径和政府对策,旅游产业升级也将丰富中国特色的旅游产业经济理论。

二 研究意义

本书瞄准旅游产业发展的国家战略,以建设旅游战略性支柱产业为目标,探讨旅游产业升级这一重大的现实中亟待回答的理论问题,从旅游产业的规模升级增长和旅游产业效率提升两个互为补充的方面,为中国旅游产业的发展和国家旅游产业政策制定提供理论支撑和政策依据。

1. 理论意义

新的时期,转型升级是我国经济发展的历史任务。旅游产业升级是旅游产业经济发展的必然趋势,是实现旅游产业可持续发展的基础性理论问题。国务院已经为旅游产业升级指明了方向。该选题将系统研究并构建中国旅游产业升级的理论体系,系统研究旅游产业升级的一般规律、旅游产业潜力释放、结构生产力、规模变化和旅游产业及其各行业效率的变化趋势,并对旅游产业升级的有效性进行综合评价,探索旅游产业升级的机制与规律,丰富旅游产业经济理论,为中国旅游产业升级的实践提供理论支撑。

2. 实践意义

随着经济与旅游业的发展,我国居民的消费升级、技术环境变化、旅游市场格局的变化和旅游产业自身利润水平等都对旅游产业可持续发展提出了新的要求。一方面,我国旅游业实现了从接待型向产业型的转变,产业地位得到进一步提升,被定位为"国民经济的战略性支柱产业和人民群众更加满意的现代服务业"。在此背景下,本书将推动旅游产业的潜力释放、产业融合、结构优化和效率提升,通过产业政策更好地实现旅游产业规模升级。另一方面,旅游产业效率方面的升级研究有待深入,旅游产业的高级化研究亟待从理论和实证上去突破,旅游产业升级的具体实践缺乏有针对性的政策依据。通过本书,将引导实践更加注重产业潜力释放、结构变迁、劳动要素和技术贡献在旅游产业升级中的作用,促进旅游产业向战略性支柱产业升级转型。因此，本书将面向中国旅游现实发展和实践要求，构建起旅游产业升级的评价体系、市场路径和政府作用的领域，为推动中国旅游产业升级与可持续发展提供政策指导。

第四节 研究内容、路线与方法

一 研究内容

旅游战略性支柱产业建设的本质就是要把旅游业建设成为中国经济的支柱性产业。[①] 基于支柱产业建设的标准，旅游战略性支柱产业建设有两大标准：一是产业规模达到支柱产业的比重份额（这一份额通常的判断标准是占 GDP 比重，通常为 GDP 比重的 5%）；二是产业能迅速地运用现代技术，带动相关产业的发展，吸纳更多的劳动力就业，产业运行有着较高效率。旅游产业升级是国民经济转型升级大背景下和旅游产业 30 年发展实践后的必然选择，也将实现旅游战略性支柱产业建设的本质要求。因此，本书主要围绕以下几个方面开展研究：

第一，对旅游产业升级的背景进行研究，以把握国内外旅游消费、产业发展和产业地位状况，提出旅游产业升级这一研究命题，并树立旅游产业升级的目标，即建设旅游战略性支柱产业。

第二，对旅游产业升级的相关研究进行述评，把握旅游产业升级研究的动态和研究成果，深化对旅游产业升级已有研究的认识，为后文对旅游产业升级本质和规律的研究奠定认识基础，为旅游产业升级的理论研究奠定基础。

第三，对旅游产业升级进行理论构建，在相关理论基础支撑和旅游产业属性研究的基础上，全面解析旅游产业升级的定义、内涵

---

① 何建民：《上海旅游业培育成战略性支柱产业的要求、路径、潜力与对策研究》，《旅游学刊》2011 年第 5 期。

和特征，构建旅游产业升级的机制和测评体系。

第四，对旅游产业升级的规模进行研究，从潜力、结构、规模和增长四个方面展开系统研究，把握旅游产业升级的规模进程。

第五，对旅游产业升级的效率进行研究，从单要素效率和全要素效率两个方面展开，分别对产业效率和产业内各行业效率进行测算和对比分析，全面把握旅游产业升级的效率进程；旅游产业升级的效率研究是对旅游产业升级规模研究的深化。

第六，对旅游产业升级进行交叉和相对综合评价及分级研究，探讨推进旅游产业升级的市场路径，并就政府在旅游产业升级方面的作用进行对策研究。

二 技术路线

旅游产业升级的研究立足于中国旅游发展的历史脉络变迁和产业地位升级，以建设旅游战略性支柱产业为当前产业升级的目标。旅游产业升级将以旅游经济学和产业经济学，特别是筱原三代平的产业基准为基础理论指导，通过对中国旅游产业在产业增长和产业发展中形成的历史数据进行定量经济分析来探讨中国旅游产业的规模升级和效率升级的进程，并对其进行综合分析来把握中国旅游产业升级的自身特征、变化和趋势，并将旅游产业升级放到国民经济大环境中考虑旅游产业升级的有效性及分级，对中国旅游产业升级提出整体性框架，并从中寻找促进中国旅游产业规模升级和效率升级的市场化路径，并从政府作用角度提出方向性和前瞻性政策体系，见图 1-8。

三 研究方法

1. 文献综述研究法

文献综述研究法是学术研究的常用方法，主要是围绕研究主题收集大量相关研究文献资料，通过精读和泛读对文献资料、主要观点和数据进行分析、综合和归纳整理，梳理出所研究的学术问题的历史脉络、研究现状和思维逻辑，深化对所研究问题的深度和广度上的认识。本书在背景研究和提出问题的基础上，对旅游产业升级

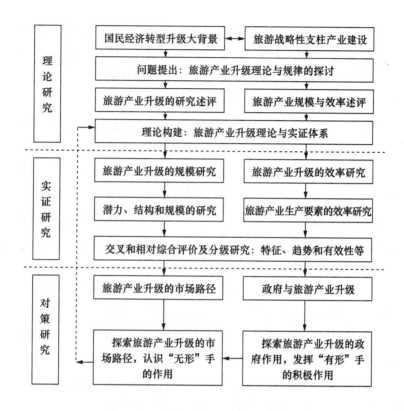

图1-8 旅游产业升级研究技术路线

直接相关研究和旅游产业规模与效率等文献综述和评价，从而深化对旅游产业升级的理论认识，也有助于进一步奠定研究的理论基础，为旅游产业升级的定性研究和定量研究及分析综合研究奠定认识论和方法论基础。

2. 定性研究方法

定性研究方法主要是要解决对研究对象"质"的规定性的认识，通常是运用归纳和演绎、分析与综合以及抽象与概括等方法，对获得的各种文献资料和数据进行直觉分析和思维加工，从而能去粗取精、去伪存真、由此及彼、由表及里，达到认识事物本质、揭示内在规律。本书在对旅游产业升级的定义、内涵、特征和测度体系进行研究时，就是运用了定性研究的方法，具体来说就是结合文献综述、数据资料、观察体会、系统思考和已有研究基础上展开的旅游产业升级的理论建构，对旅游产业升级的架构和作用机制进行酝酿和设计，以奠定旅游产业升级的理论创设这一基础。

3. 定量研究方法

定性研究方法是对事物"质"的规定性的研究，而在科学研究中要形成对事物的整体认识还必须掌握事物"量"的规律性。定量研究方法，又称为数量研究方法或统计分析法，可以对研究对象的规模、速度、范围和程度等数量关系有更加深入和精细的认识，更加科学地揭示事物发展的规律性，把握事物的内在本质和内在联系，有助于对事物的发展进行正确解释，并有助于预测事物未来的发展趋势。定量研究方法是定性研究方法的深化，可以使定性研究更加深入和科学。在本书中，综合运用了数量的比较分析（绝对数比较和相对数比较）、统计分析、静态分析、动态分析和计量经济学等分析方法从现状和时间维度对旅游产业升级的规模和效率进行定量分析，从而准确把握旅游产业升级的内在关系和规律性。最后，在旅游产业升级综合分析阶段，通过定量研究方法对有关的数据或理论以文字和图表的方式实现研究成果的综合呈现。

4. 分析与综合相结合的方法

现代科学与学术研究的方法正在走向综合方法的运用，这是因为传统的不同方法既有其优点，也有其缺点。如分析法是把研究对象这一整体分解为一定的组成部分、环节或要素分别加以认识，优点是可以深入研究对象的内部，研究其不同的侧面和细节，为整体认识积累资料；缺点是由于其割裂了研究对象的天然联系，注重于局部研究而得出孤立、静止和片面的研究结论。正如黑格尔所说："用分析方法来研究对象就好像剥葱一样，将葱一层一层地剥掉，但洋葱已不存在了。"综合法是在分析的基础上对研究对象的组成部分、环节或要素进行整体有机联系起来，形成对研究对象整体和统一的认识，可以从抽象的规定上升到思维的具体，从已知推广到未知的科学发现；其缺点是缺乏对研究对象重要细节的把握。本书采取分析与综合相结合的方法，通过分析奠定研究前提和基础，通过综合提升分析的水平，具体来看就是有关综述研究、理论基础研究和旅游产业升级理论构建方面主要使用的是综合方法；而在旅游产业升级规模研究、旅游产业升级效率和综合评价研究方面主要使用的是分析方法，在旅游产业升级的路径和政府在旅游产业升级中的作用主要使用的是综合的研究方法。

第二章　旅游产业升级的
理论构建

　　旅游产业升级的理论构建，首先是要遴选与研究有直接相关关系的理论基础，并阐述其在文中的支撑作用；其次是围绕旅游产业发展的一般规律和旅游产业升级的现实状况，对旅游产业的属性、边界和结构进行内涵解析，奠定旅游产业升级的产业框架；最后是基于上述研究对旅游产业升级的定义、内涵、特征机制和评价及分级进行理论体系的构建，以奠定后续研究的整体框架。

第一节　理论基础

一　生产要素理论

　　随着人类社会分工的发展和认识水平的提高，生产要素理论大致经历了"二元论"、"三元论"、"四元论"和"五元论"四个典型阶段。[①]"二元论"是生产要素理论的初始形态，由经济学家配第提出，"土地为财富之母，而劳动则为财富之父和能动的要素"。[②]"三元论"是在资本主义兴起后形成的，经济学家亚当·斯密在其《国富论》中指出，商品的价格"直接或最后分解为同样的三部分，

---

① 也有生产要素的六元论之说，参见徐斌、李燕芳《生产要素理论的主要学派与最新发展》，《北京交通大学学报》（社会科学版）2006 年第 3 期。

② 转引自徐斌、李燕芳《生产要素理论的主要学派与最新发展》，《北京交通大学学报》（社会科学版）2006 年第 3 期。

即地租、劳动和利润"。①"四元论"是在管理复杂化和管理阶层逐渐从一般劳动者群体中分离后形成的，由经济学家马歇尔在其《经济学原理》中提出，将"组织（管理才能）"作为劳动、资本和土地之后的第四生产要素。随着近现代科学技术的发展，科学技术成为第五生产要素，构成了生产要素的"五元论"。邓小平同志曾经说过"科学技术是第一生产力"。总的来看，要素的多元化源于新增要素边际生产力的凸显。现代经济中，包括旅游业在内的服务业在众多的中等发展中国家和发达国家已经超过农业和工业而成为第一大产业。鉴于劳动、资本和技术（系广义技术概念，包括了管理、信息和人力资本等）在服务业（旅游业）中的突出作用，生产要素理论则为旅游产业升级的研究提供了关于要素的来源和要素在创造价值作用的理论基础。

二 产业经济理论

产业经济学是现代西方经济学中分析现实经济问题的应用经济理论体系。产业经济学以工业化为背景将"产业"作为一个整体探讨产业间的关系结构、产业内企业组织结构变化的规律以及研究方法。产业经济学的研究对象是产业内部各企业之间相互作用关系的规律、产业本身的发展规律、产业与产业之间互动联系的规律以及产业在空间区域中的分布规律等。产业经济学形成较为成熟的理论方法，如产业结构理论、产业集聚理论、产业融合理论、支柱产业建设理论和产业效率分析方法等。产业结构理论为在三次产业结构的背景下认识旅游产业发展的意义提供了视角，也为旅游产业升级研究提供了观察旅游产业结构的角度。产业集聚理论为旅游产业升级提供了观察旅游产业地域不集中分布的视角。产业融合理论为新时期旅游产业的融合扩张和产业升级提供了研究维度。支柱产业理论为新阶段建设旅游战略性支柱产业背景下的旅游产业升级提供了理论支撑。产业效率分析方法为旅游产业效率的测评提供了方法论

---

① ［英］亚当·斯密：《郭富论》（上卷），杨敬年译，陕西人民出版社2006年版，第51页。

和分析工具，为更好地观察和测定旅游产业升级奠定了科学基础。因此，产业经济学是旅游产业升级研究的经济学学科基础。

在产业经济理论中对本书有着直接支撑的理论是筱原三代平关于支柱产业遴选的产业基准理论。筱原三代平是日本产业经济和发展经济学家，以经济周期理论和产业结构问题著称，其研究主要包括《日本经济的成长和循环》《收入分配和工资结构》《消费函数》《日本经济之谜——成长率和增长率》《产业构成论》《现代产业论（产业构造）》。筱原三代平关于产业经济成长的著名理论就是筱原三代平标准，即产业基准标准。① 它包括"收入弹性基准"和"生产率上升基准"。收入弹性基准是指优先选择收入弹性高的产业进行发展，因为这类产业既有广阔的市场，也有可以成长的产业空间。生产率上升基准是指优先选择发展那些生产率上升快和技术进步率高的产业，如果是幼稚产业，还要进行积极保护，并大力提高其在整个产业结构中的比重。此外，筱原三代平的长波理论认为资本主义经济发展中的长波是由多元因素引起的长周期理论，包括技术创新、通货供应量、能源资源和战争。筱原三代平认为，上述四因素中最重要的是技术革新，第二次世界大战后30多年的世界经济持续增长主要是依靠技术革新推动的。筱原三代平关于产业基准标准的理论以及长波理论中关于技术创新的强调为旅游产业面向战略性支柱产业的产业选择和基础研究，为旅游产业升级"质的规定性"研究和旅游产业升级"量的计量性"研究奠定了基础，并为旅游产业升级的阶段性和方向性树立了坐标。

三　旅游经济理论

旅游经济学（Tourism Economics）是一门研究旅游经济活动中各种关系、现象及其发展规律的新兴边缘性学科，是一门应用性的部门经济学，也是一门产业经济学。旅游经济学是从整个旅游经济活动全过程进行研究，因此区别于以旅游经济中某一具体业务作为研究对象的旅游饭店管理学、旅游市场学、旅行社管理和旅游地理

---

① 金明善：《战后日本产业政策》，航空工业出版社1988年版，第95—96页。

学等学科。旅游经济学研究的主要内容包括：旅游业的产生和发展及其性质、特点；旅游业在国民经济中的地位和作用；旅游业与国民经济其他部门的关系以及旅游业内部各企业之间的经济关系；旅游者的需求及其消费构成，旅游收入的分配与再分配；旅游市场的供求关系与旅游价格政策；旅游业的经营管理体制；旅游业的宏观经济效益与微观经济效益；旅游企业的经营管理；旅游业的发展道路。关于旅游产业升级，1979 年和 1985 年我国最早的两本旅游经济学教材就有关于旅游产业结构和效率的论述，随后不少学者如林南枝、陶汉军和罗明义等编著的教材论著中都对旅游产业结构和效率等问题进行持续的探讨。因此，旅游经济学中关于旅游经济增长、旅游经济发展、旅游经济结构、旅游产业结构合理化、高级化和旅游经济持续发展等理论为旅游产业升级提供了直接可以借鉴的理论和方法指导。因此，旅游经济学的思想体系是旅游产业升级研究的直接依托，旅游产业升级也将深化旅游经济学关于旅游产业的研究。

四 计量经济理论

计量经济学是以一定的经济理论和统计资料为基础，运用数学、统计学方法与电脑技术，以建立经济计量模型为主要手段，定量分析研究具有随机性特性的经济变量关系，主要包括理论计量经济学和应用经济计量学。其中，应用计量经济学是在一定的经济理论的指导下，以反映事实的统计数据为依据，用经济计量方法研究经济数学模型的实用化或探索实证经济规律，或者用来描述预测目标与相关变量之间经济行为结构的动态变化关系，它是一种比较先进和能取得较好预测结果的一种理论和预测方法。计量经济学将经济学定量化研究推升为一个专门的研究领域，它将经济变量间关系的研究推进一步，更深入、更系统、更科学，特别是关于投入产出分析的研究为包括产业经济学在内的整个经济学效率的研究提供了更为系统和科学的基础。因此，计量经济学为旅游产业升级提供了科学的方法论和工具。

第二节　旅游产业的内涵

一　旅游产业的属性

旅游活动及其社会功能演变需要从历史维度来考察，从旅游在生活中所具有的地位来认识，见图 2 - 1。旅游是一项离开长居地到异地的游览活动。旅游活动起源于人类的迁徙和旅行。随着人类生产力的发展，旅行活动逐渐增多，旅行变得便捷和轻松，使得人们有心情和心思去欣赏沿途的风景，旅行之余的游览功能就日益凸显。旅行之余的游览在人类历史长河中进化缓慢，零散而不具有稳定性，这一进程也是人类认识自然和接触不同地域风俗文明的过程。只有旅行之余的游览成为旅行的目的的时候，旅游才真正出现，而旅行则成为实现游览的手段，此时的旅游已具有现代意义上的旅游含义。

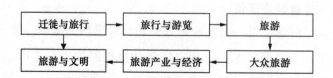

图 2 - 1　旅游活动及其产业属性的演变

但现代意义上旅游的开端，比较公认的标志性事件是 1841 年托马斯·库克组织居民乘坐火车从伦敦到曼彻斯特参加禁酒活动观光旅游活动，此活动也开辟了乘坐现代交通方式（火车）团队旅游的标准化运作模式。随着工业革命的推动，旅游活动和全球贸易一起成为经济全球化的一部分。旅游活动也带动了包括高星级饭店和旅行服务公司在内的旅游产业的发展。特别是在 20 世纪 50 年代以后，旅游活动成为人战后和平时期经济发展快速国家或地区的大众性消费活动，世界进入大众旅游时代。大众旅游与全球工业化进程紧密相关，工业化为大众旅游提供了经济、空闲和技术条件，大众旅游也通过旅游的产业化发展带动了工业化。

旅游活动经济性的研究可以追溯到20世纪初的意大利。最早探讨旅游经济的是意大利国家统计局局长马里奥的一篇论文《论在意大利的外国游客的花费及其影响》。旅游经济的研究就此拉开序幕。在世界各国经济发展史中，旅游活动都具有经济上的主要意义。特别是第二次世界大战以后，随着大众旅游的兴起和第三世界的崛起，旅游活动成为众多发展中国家获得外汇收入和促进本国服务经济发展的重要动力。对于发达国家，旅游活动同样重要，例如在2012年的美国，旅游外汇收入超过1600亿美元，出国旅游人数达2000万人次，出国旅游花费也达到1000亿美元以上。旅游活动的全球性和经济性已成为当前时代不得不重视的一项产业。据UNWTO和WTTCC统计，中国国内旅游已经发展多种现代化交通工具为运输载体的多元旅游目的世界性的旅游现象。

中国对旅游的认识经历了一个从文化事业到经济产业，再到综合性的产业认识过程。中国改革开放的设计师邓小平（1978，1979）指出，"旅游事业大有文章可做，要突出地搞，加快地搞"[1]、"搞旅游业要千方百计地增加收入……旅游这个行业，要变成综合性的行业"[2]、"旅游业发展起来能吸引一大批青年就业"[3]、"要加强对旅游景区景点的宣传介绍"[4]、"凡是服务态度好、服务质量高的，工资要高，不好的要批评教育，不改正的还可以淘汰……"[5]、"工作人员要实行按劳分配，年终利润多还可以发奖金……旅游收入的外汇要与地方分成，开创时国家要投点资"[6] 和

---

[1] 中共中央文献研究室、国家旅游局编：《邓小平论旅游》，中央文献出版社2000年版，第5页。

[2] 同上书，第4页。

[3] 同上。

[4] 同上书，第8页。

[5] 同上书，第9页。

[6] 同上书，第1页。

"要狠抓一下旅游和城市建设"。①

改革开放早期研究者，如刘世杰（1981）认为，旅游事业是一项经济事业。国家对旅游事业的管理主要应当采取经济的办法，即运用价格杠杆、分成制度和奖惩制度来调动各方面积极性。② 何建民（1984）较早论述了我国国际旅游的效益和产业优势。③ 阚沛（1982）论述了中国式旅游发展道路与资本主义国家旅游业的不同点以及要处理的四组关系。④ 闫敏（1999）较早运用投入—产出法和1992年的投入产出分析表研究初步发现，"一个国家的旅游业的发展很大程度上受制于基础性产业的发达程度，尤其是交通运输设备制造业、能源、石化等行业"。在国际比较的基础上指出："旅游业的产业化和国民经济所处的发展水平之间的确存在一种必然联系，只有在进入工业化，尤其是经济进入相当于重化学工业化的发展阶段后，旅游业才可能进入产业化阶段。"⑤ 21世纪以来，众多的旅游研究人员对旅游活动经济性的各方面进行了研究。唐晓云（2007）对中国旅游经济发展阶段的划分，"八五"期间中国旅游产业开始走上快速发展的道路，我国旅游业进入产业化发展的成长阶段。近年来，不少学科特别是文化型的研究者从人类学、民族学和文化产业等角度对旅游的文化性进行研究，旅游活动的综合属性得到进一步发掘。总之，在现代市场经济条件下，旅游活动归根结底离不开支撑其发展的经济条件和自身的经济属性。

二 旅游产业的边界

产业经济学一般认为：产业是生产和提供同一类产品或服务的企业集合。产业内的企业提供产品服务时具有相近或相同的技术特征，所提供的产品能满足人的某一方面的需要。而关于旅游活动是

---

① 中共中央文献研究室、国家旅游局编：《邓小平论旅游》，中央文献出版社2000年版，第5页。

② 刘世杰：《用经济办法管理旅游事业》，《吉林财贸学院学报》1981年第2期。

③ 何建民：《试论我国国际旅游业的经济效益》，《经济理论与经济管理》1984年第5期。

④ 阚沛：《中国式旅游发展道路浅议》，《财贸经济》1982年第4期。

⑤ 闫敏：《旅游业与经济发展水平之间的关系》，《旅游学刊》1999年第5期。

否是一项产业，一直也是有争论的。但现实中，旅游业有着巨大的经济效益，能满足人的多重需要，是社会经济中一项重要的部门经济活动。因旅游活动具有综合性的内涵，是满足人们出行便利和游览需要的服务业，旅游产品和服务的提供作为一项产业越来越获得认同。

　　进一步的问题是，旅游产业的边界如何界定？这就需要依次探讨边界、企业边界和旅游产业边界等有关的概念。边界的定义是领土单位之间的界限或者解释为国家之间或地区之间的界限。在国际法上，国家的边界是指划分一个国家领土和另一个国家的领土、一个国家的领土和未被占领的土地、一个国家的领土和公海以及国家领空和外层空间的想象的界限，边界是有主权的国家行使其主权的界限。可见，边界是区域划分或领土主权的界限。就企业而言，企业也有边界，即 Enterprise boundary。明确的企业边界是企业组织结构的基本特征之一，是一个非常重要的管理概念。企业边界是指企业以其核心能力为基础，在与市场的相互作用过程中形成的经营范围和经营规模，其决定因素是经营效率。企业的经营范围，即企业的纵向边界，确定了企业和市场的界限，决定了哪些经营活动由企业自身来完成，哪些经营活动应该通过市场手段来完成；经营规模是指在经营范围确定的条件下，企业能以多大的规模进行生产经营，等同于企业的横向边界。如果将企业看作是对市场功能的替代①，那么企业边界就位于企业组织效率与市场功能效率相等的临界值。因此，可以认为决定企业边界是企业自身的效率。产业是以企业为基础的集合，产业边界存在于与产业紧密相关企业的组织效率和市场功能效率之间的临界值。也就是说，产业边界取决于与产业紧密相关的企业自身效率上，这关乎企业的生死存亡。② 因此，旅游产业的边界存在于与旅游活动或旅游产业（核心产业）紧密相关企业的自身效率（关乎企业的生死存亡）上。在这里，旅游活动

---

　　① 参见科斯的交易成本理论。
　　② 生死存亡，指的是由于企业盈利能力、创新的市场有效性和与旅游活动或产业紧密度（客源依赖性）等有关因素引起的企业的分化、扩张、消散、消亡或者与旅游产业亲属度的变化。

或旅游产业（核心产业）都是以旅游活动或产业的需求导向为特征的，没有了旅游的需求导向或者吸引，旅游产业内含的企业就会分化或消散或消亡，或者由于竞争，有的旅游企业被替代或被淘汰，那么旅游产业的边界在这一点上也就自然萎缩。因此，旅游产业边界存在于与旅游需求紧密相关的企业有效创新中。从中国旅游产业30 年的发展来看，主题公园这一类旅游企业在中国经历了曲折兴衰的历程（见图 2 - 2），作为旅游产业的紧密型企业，它的生死存亡一直在影响着中国旅游产业理论边界的大小。

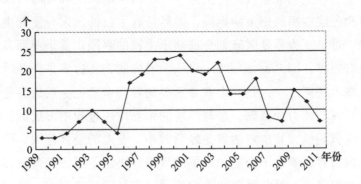

图 2 - 2　主题公园在中国的数量（1989—2011 年）①

可见，像其他产业边界一样，旅游产业的边界是变动的；而作为一项以新兴的需求为导向的服务性产业，旅游产业的边界还在孕育和变化之中。旅游产业边界及其界定最终是由所处的经济（Economic）、社会（Social）、技术（Technological）和政治（Political）环境所决定的。从演化的角度来看，旅游产业边界及其界定是伴随着休闲旅游活动和工作在人们生活中地位的变化而变化的。

三　旅游产业的结构

当前，人们的生活逐渐脱离以工作为中心的状态，转向以休闲

---

① 主题公园的个数基于《中国旅游统计年鉴》。数据转引自刘晓明《我国主题公园产业的时空布局与理性发展研究》，《中南林业大学学报》（社会科学版）2013 年第 4 期。

旅游为中心，更加注重通过休闲旅游来提高生活质量，这反映出旅游将在人们生活中处于更加重要和中心化的位置。因此，现有包含食、住、行、游、购、娱的旅游产业及其边界也将随着旅游活动在人们生活中的不断渗透，而不断延伸，这也将推动旅游产业更具活力或更有效率地发展，并与三次产业（这里所使用的"三次产业"概念的含义包括了国民经济的第一、第二和第三产业，下同）更加紧密地融合性联系。也就是说，旅游产业与三次产业有着天然的联系，并随着旅游活动的广泛开展而进一步强化，旅游产业与三次产业的融合，在旅游的产业化发展中更加明显。未来，在一个以休闲旅游为特征的生活世界中，随着三次产业的相互融合和第一、第二产业的"软化（服务化）"，旅游产业与三次产业的融合、互动和演化关系将更加密切，三次产业将为旅游产业提供更多的发展空间和市场机会，旅游产业将为三次产业提供更多的产品和服务。在此过程中，旅游产业升级将获得更加有利的市场基础和发展环境，也会促进旅游产业规模化发展，同时促进旅游产业运行的水平和效率，见图 2-3。

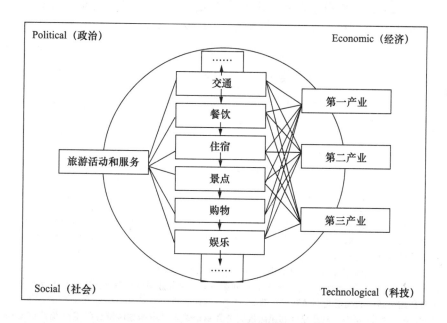

图 2-3 旅游产业边界、结构与升级

通常，旅游产业可以看作是旅游产业的集群①，即旅游产业是由众多旅游企业组成的产业综合体，由食、住、行、游、购、娱六大行业组成。而按照需求导向和直接相关原则，旅游产业定义为一组或一类为旅游者旅行服务和游览提供产品或服务的旅游企业集群，可以划分为三个层次，即第一类是直接提供产品或服务的旅游企业，如旅行社、旅游饭店、旅游景区和旅游交通；第二类是直接相关的旅游企业，如餐饮、购物商店等；第三类是支持性的旅游企事业单位，如安全、卫生、医疗、海关和工农建筑业等。②

根据历年《中国旅游统计年鉴》数据统计的口径来看，旅游产业包括旅游饭店、旅行社和旅游景区及其他旅游企业③。而从产业集群的角度来看，旅游产业可以看作是由旅游饭店行业、旅行社行业和旅游景区行业及其他旅游行业所组成。也就是说，旅游饭店行业、旅行社行业和旅游景区行业是旅游产业的子行业。按照需求指向和直接相关原则，由旅游饭店行业、旅行社行业和旅游景区行业所组成的狭义旅游产业可以看作是旅游产业的核心组成部分或核心旅游产业（见图2-4④和附录3），它在一定程度上也代表了旅游产业。由于数据可获得性的原因，这里统计包括以旅行社、星级饭店和旅游景区为主体旅游产业有关数量，即核心旅游产业的数据（下文有关核心旅游产业的论述和测算也都是基于这样一种分类方法）。

---

① 赵书虹（2010）、张鹏顺（2011）、冯卫红（2011）和卞显红（2013）等分别在其论著中就旅游产业集群概念、特征、机理和空间演化进行系统研究。旅游产业的集群特征得到深入研究。
② 罗明义：《旅游经济学原理》，复旦大学出版社2004年版。
③ 其他旅游企业包括旅游车船公司和旅游商贸服务公司以及专门性或具有旅行服务特征的网站（如去哪儿、马蜂窝）等。
④ 图2-4中，旅游景区和星级饭店个数只是纳入《中国旅游统计年鉴》统计范围内的部分旅游单位，实际个数都在持续上升。

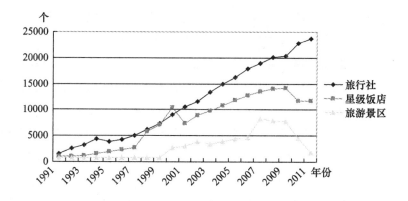

图 2 - 4　核心旅游产业的构成和数量（1991—2011 年）

第三节　旅游产业升级的概念

一　旅游产业升级的定义

《现代汉语词典》对"升级"的解释是：（1）等级或班级由低级升到高级；（2）国际上指战争的规模扩大、事态的紧张程度加深等。升级一般是指规模扩大、程度加深、活动加剧等从较低的级别升到较高的级别。因此，"升级"一词其内涵上具有程度上的递进性和时间上的延续性的双重含义。"任何升级都会有一个过程，或长或短，或快或慢，其过程的特点由事物发展的内在因素、外在环境以及历史条件所决定。"[1]

总结已有研究文献：旅游产业升级是一个产业结构优化或延伸基础上的产业高级（高度/专业）化的过程；是一个产业链不断延伸和产业效率提升的过程；是一个产业利润提升、就业规模扩大的过程；是一个持续创新和技术要素驱动的过程；是一个产业规模扩大和产业地位提升的过程；是产业优势发挥的一个过程。

---

[1]　文魁：《论消费升级的几个核心问题》，《前线》2013 年第 10 期。

因此，在文献述评的基础上，主要基于筱原三代平关于主导产业选择的两大产业基准①，即"消费收入弹性基准"和"生产率上升基准"，面向旅游战略性支柱产业建设，现将旅游产业升级定义为：在旅游需求拉动和旅游产业融合性供给以及开放性的市场经济消费环境的综合作用下，旅游需求潜力不断释放，旅游产业边界不断延伸，旅游产业结构不断优化，旅游产业规模不断扩大，旅游服务生产力及服务价值得到不断凸显和旅游产业效率不断提升的一个基于内在机制的连续的过程，是旅游产业优势的升级。本书中旅游产业升级的最终目标就是将旅游产业从一般性支柱产业升级为战略性支柱产业。②

二　旅游产业升级的内涵

旅游产业升级一方面是一个基于游客需求拉动和释放的过程，是一个旅游产业与相关产业融合发展、产业集聚、结构演变和规模扩张的过程。在这个过程中，旅游产业以旅游需求为吸引力与众多的产业部门进行融合和产业再造，诞生出了一批新的业态，如休闲产业、商务旅游、生态旅游、红色旅游、乡村民俗旅游、高端旅游、主题旅游、特种旅游、自驾车旅游、科技旅游、滨海旅游、游轮经济、温泉旅游、经济型饭店和度假旅游等③，这些属于旅游产业的延伸层。④ 旅游产业升级另一方面又是一个产业升级内在要素和技术的利用效率不断提升的过程，表现为资本效率下降、劳动效率上升和技术贡献率上升的过程，是一个从传统产业走向现代服务业的质变的升级过程。

旅游产业升级表现为微观的创新、中观的结构和宏观的产业地位。因此，从产业升级的一般规律来看，旅游产业升级首先表现为

---

① 金明善：《战后日本产业政策》，航空工业出版社1988年版，第95—96页。

② 罗明义：《对把旅游业培育成国民经济的战略性支柱产业的认识》，《经济问题探索》2010年第6期。

③ 魏小安：《旅游业态创新与新商机》，中国旅游出版社2009年版。

④ 旅游产业的结构通常包括核心层、衍生层、相关层和支撑层。本书中主要对旅游产业升级进行系统性描述研究，并对旅游产业核心层（狭义的旅游产业）的产业升级进行定量测量。

微观领域的创新；其次表现为中观的产业结构升级；最后表现为旅游产业地位在国民经济与产业序列中地位的提升。旅游产业升级的过程遵循产业经济学中产业发展的一般规律趋势，即随着分工细化，产业在满足需求的同时，产业规模不断扩大，产业技术化程度提高，产业成为国民经济的一个重要组成部分，支撑国民经济的发展。

旅游产业升级的研究基于中国旅游产业发展的历程和历史阶段，更着眼于旅游战略性支柱产业建设的未来目标。因此，旅游产业升级是旅游产业在国民经济体系产业序列和自身运行质量的一个持续改进和提升的过程。具体来说，是指旅游产业在国民经济中扮演更加重要的角色，占有更大的比例，从一般性的服务业成长为支柱性产业；同时，也是旅游产业运行质量和水平不断提升的过程，旅游产业的投入产出效率得到稳步提高。因此，旅游产业升级既是旅游产业规模扩大，产业地位和产业序列提升的过程，也是旅游产业自身运行效率不断提升的过程。

就影响旅游产业升级的因素而言，可以分为两类：一类是与旅游产业升级表征有关的各种相关因素，如居民收入、交通、恩格尔系数、国内旅游人数、旅游接待人数、旅游相关出版物和社会开放包容程度等社会因素；另一类是与旅游产业升级中关系更密切、更清晰地被经济学家列入的投入要素，如劳动、资本、技术和企业家才能以及制度因素等经济要素。

因此，旅游产业升级的内涵包括"量"和"质"[1] 两个方面：一是旅游产业规模的升级，即"量"的方面，它反映了旅游产业发展的潜力、价值创造能力和在国民经济中的比重以及产业地位，是旅游产业升级"量"的规定性；二是旅游产业效率的升级，即"质"的方面，它反映的是旅游产业整体在既定产业环境中产业要素投入的使用效率水平，反映出旅游产业运行的状态、水平和质

---

[1]　量变质变规律是哲学上三大辩证法规律之一。另外两个辩证法规律是对立统一规律和否定之否定规律。

量，是旅游产业升级"质"的规定性。在当前中国旅游发展背景下，旅游产业升级是旅游产业潜力持续发挥，旅游产业规模继续扩大，旅游产业地位不断提升，旅游产业要素（资本、劳动和技术）投入得到有效运用，旅游产业技术能力不断转化和旅游产业效率不断提升的过程。可以说，旅游产业升级的研究就是要推动旅游产业从一般性的产业或支柱产业向国民经济的战略性支柱产业升级，推动旅游产业从传统服务业向人民群众更加满意的现代服务业升级。

三 旅游产业升级的特征

旅游产业升级是一个旅游需求潜力不断释放、旅游产业结构不断优化、旅游经济增长不断提升、旅游产业规模不断扩张的过程，同时也是一个旅游要素不断投入、要素效率不断提升和全要素效率贡献不断上升的过程。旅游产业升级是一个长期而且连续的过程。在这一过程中，旅游产业升级的特征主要体现在三个方面：一是潜力与规模特征，它是实现旅游产业升级的条件和基础；二是融合与扩展特征，它是实现旅游产业升级的显性途径；三是效率与技术特征，它是实现旅游产业升级的内在要求。

1. 潜力与规模特征

从需求方面来说，旅游产业潜力是实现旅游产业升级的根本支撑，是促进旅游产业规模升级的基础条件和动力因素。只有通过对旅游产业升级的潜力要素和条件的发掘和释放才能更好地解析旅游产业升级，促进旅游产业的规模化发展，即从一般性的服务产业升级为国民经济的支柱性产业。同时，旅游产业经济服务贸易也将成长为国民经济或区域经济的重要组成部分。旅游产业的潜力与规模特征主要是通过旅游需求的弹性等概念来进行描述和测度的，如旅游消费的收入弹性、旅游产业结构生产力系数和旅游产业规模指数等。

2. 融合与扩展特征

从供给方面来说，旅游产业融合是旅游产业升级的重要途径，促进了旅游产业核心产业、涉旅行业和相关产业的旅游产业化进程，形成了更多的新兴旅游业态，为旅游产业的发展提供了持续的活力，大大地扩展旅游产业的边界，奠定了旅游产业向"大旅游"和"大产业"的转型基础。旅游产业融合与扩展是旅游需求潜力释放和旅游活动规模化发展背景下旅游产业升级的重要步骤。旅游产业融合的路径也是旅游产业边界扩展的路径，是一种紧密型的旅游产业规模扩张。旅游产业融合与扩展会重新定义旅游产业的边界（如主营业务收入的变化或者有关企业的涉旅业务深度及广度的变化）。旅游产业融合与扩展的特征可以通过诸如旅游产业内生性扩展（如文化旅游产业）和旅游产业外生性扩展（旅游产业对就业的拉动）来实现。

3. 效率与技术特征

旅游产业效率是旅游产业升级的另一方面，是体现旅游产业适应国民经济整体技术环境和运用现代科学技术提高产业效率的方面。旅游产业的效率升级基于旅游产业发展的技术与环境条件，是旅游产业运行水平和质量的定量描述和评价的重要依据。旅游产业效率升级主要表现为旅游产业运行、要素利用效率和增加值创造性来源从低到高的一个过程，这应该是一个波动发展和持续改进提升的过程。旅游产业效率与技术特征，主要体现在资本效率的不断下降、劳动效率的逐步提高、全要素效率（技术贡献）的上升；同时，旅游产业的全要素效率相对国民经济的技术效率有着比较优势。

总之，旅游产业升级是一个连续的、动态的过程，主要体现在三个方面：一是旅游产业升级潜力得到有效发挥，结构不断优化，产业规模不断扩大；二是旅游产业效率得到改善，旅游产业服务生产力素质不断提升；三是旅游产业不断在技术创新、民生战略及对外国际贸易进出口等方面取得突破，并获得旅游产业发展的政策及环境保障。同时，旅游产业升级在特定阶段也有其自身的特征。当前，中国旅游产业升级有如下的实践性特征，即在产品功能上，从观光升级转向专项度假旅游；在需求上，从单一功能转向多元分散性的功能；在消费上，从低水平消费转向高层次消费；在供给上，从经济型产品转向高附加值产品；在政府管制上，从规划开发及管理转向公共服务；在产业功能上，从经济导向性产业和刺激经济发展的领域转向居民生活的基础性的民生产业。

第四节　旅游产业升级的机制与评价

一　旅游产业升级的机制

旅游产业升级是一个连续的过程，是一个规模升级和效率升级同时推进的过程① （见图 2 – 5）。在初期 Ⅰ，规模主导升级是常态，效率推动的升级是一个缓慢的过程，规模升级推动旅游产业效率升级；在中期 Ⅱ，是规模与效率双推进阶段；在后期 Ⅲ，效率主导升级是常态，规模推动的升级则是一个缓慢的过程，效率升级推动旅游规模升级。

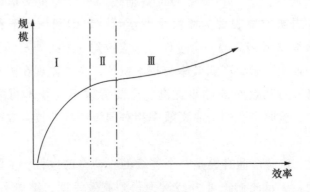

图 2 – 5　旅游产业升级的规模与效率逻辑曲线

当前，我们可以预见的是中国旅游产业升级正处在以规模升级为主和效率升级为辅的初期阶段 Ⅰ。② 在旅游产业升级的内在机制

---

① 哲学上的依据是量变质变规律；经济学上符合筱原三代平关于选择支柱产业的两大基准原则。

② 其既有作者对旅游产业升级研究的经验感知，也有质变量变规律的哲学依据，后面规模与效率交叉分析也验证了预见结果。

中（见图 2-6），发挥作用的主要是产业潜力释放机制和要素边际效率递减机制。

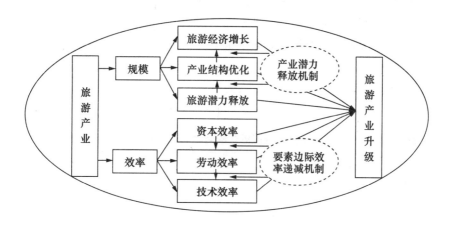

图 2-6　旅游产业升级的内在机制

在旅游产业规模升级方面发挥作用的主要是产业潜力释放机制。在市场经济条件下，通过旅游产业潜力的持续释放，旅游产业结构不断优化，旅游经济实现持续增长，旅游产业规模快速上升。

在旅游产业效率升级方面发挥作用的主要是要素边际效率递减机制。在旅游产业持续发展和规模不断提升中，伴随的是各类旅游投入要素不断增加。通常，旅游产业发展的初期阶段最缺的是资本要素，此时资本要素的效率是最高的；随着旅游产业发展进入中期阶段，劳动要素效率和技术要素效率不断提升，但此时的劳动要素效率往往会呈现更高的水平；当旅游产业发展进入中后期，技术要素效率会快速上升，且居于主导地位。

因此，旅游产业规模升级和效率升级均有着其自身特质的不同机制和表现，两个方面对中国旅游产业升级均具有重要的推动作用，同时也是研究和评价中国旅游产业升级的两个不可或缺的维度。

二　旅游产业升级的规模与效率测评体系

旅游产业升级的规模与效率测评体系是基于旅游产业升级的内

在逻辑和机制从产业规模与产业效率两个维度展开而建立的，见表2-1。产业规模一级指标中，旅游产业潜力的测度方法是旅游需求收入弹性；旅游产业结构的测度方法是旅游产业结构生产力；旅游经济增长的测度方法是旅游产业规模指数。[1] 产业效率一级指标中，首先是对旅游产业进行基于全员劳动生产率指标的整体测度；然后对产业效率进行分解，运用C—D生产函数和索洛余值法测度劳动效率、资本效率和技术进步（效率）。

表2-1　　　　　　旅游产业升级的规模与效率测评体系

一级指标	二级指标	测度方法	评价机理
产业规模	潜力	需求收入弹性法	潜力与结构
	结构	产业结构生产力	结构与增长
	增长	旅游产业规模指数	两组关系的内在一致性
产业效率	劳动效率	全员劳动生产率/ C—D生产函数系数确定	资本效率 劳动效率
	资本效率	C—D生产函数系数确定	技术效率
	技术效率	索洛余值法	三者之间的递进性

旅游产业升级规模研究的评价机理侧重点是潜力对结构影响和结构对增长的影响，探讨两组关系之间的内在一致性问题。旅游产业升级效率研究的评价机理侧重点是探讨资本效率向劳动效率，劳动效率向技术效率依次的递进关系。

旅游产业自身升级的评价可以通过旅游产业规模和效率的交叉评价来实现。旅游产业升级的规模与效率交叉评价是运用旅游产业规模代表性指数（产业规模指数[2]）和旅游产业效率代表性指数

---

[1] 见后续有关旅游产业规模指数测算和论述的内容。
[2] 同上。

（全要素生产率①）进行交叉分析，以确定旅游产业升级所处的阶段特征，即是规模升级主导阶段还是效率升级主导阶段，见图2-7。

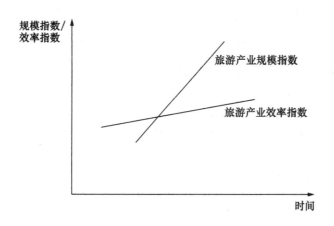

图2-7　旅游产业升级的规模与效率交叉评价

三　旅游产业升级的相对综合评价与分级

旅游产业升级的相对综合评价是基于旅游产业升级的规模与效率指标相对于某参照产业的规模升级与效率升级的指标而建立起来的体系，见表2-2和图2-8。这里采用旅游产业与国民经济的相对关系，来确定旅游产业升级相对系数Ⅰ；用旅游产业与第三产业的相对关系，来确定旅游产业升级系数Ⅱ。通过旅游产业升级相对系数Ⅰ和系数Ⅱ来确定旅游产业升级的位序和状态。其中，规模和效率均采用年均增长百分比，有关的具体测算见后续研究和论述。

同时，基于上述方法，可以对旅游产业升级进行年度分级，见后文（第122页）关于旅游产业升级的分级研究。

① 全要素生产率或称技术进步，又或简称技术效率。见后续有关旅游产业全要素生产率的测度与论述。

表 2 – 2　　　　　　　旅游产业升级的相对综合评价指标体系

旅游产业升级的相对评价 Ⅰ	旅游产业		国民经济		旅游产业/国民经济		旅游产业升级相对系数 Ⅰ	相对综合评价
	规模 (A)	效率 (B)	规模 (C)	效率 (D)	A/C	B/D	AB/CD	
	%	%	%	%				
旅游产业升级的相对评价 Ⅱ	旅游产业		第三产业		旅游产业/第三产业		旅游产业升级相对系数 Ⅱ	
	规模 (A)	效率 (B)	规模 (E)	效率 (F)	A/E	B/F	AB/EF	
	%	%	%	%				

注：表中 A、B、C、D、E 和 F 均采取增长率作为指标，遵循无量纲化处理的原则。

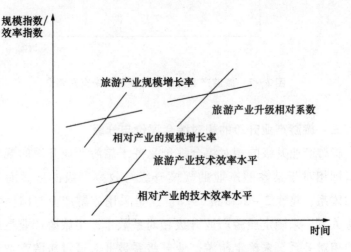

图 2 – 8　旅游产业升级的相对综合评价示意

第三章　旅游产业升级的
规模研究

　　旅游产业升级的规模研究是对旅游产业升级"量"的方面的研究，以探讨旅游产业升级动力，寻找推动旅游产业规模升级的动力来源、优化结构和探究促进旅游产业规模升级的主要因素为目的。在国民经济长期、持续、健康发展和旅游需求潜力蓄积的大背景下，潜力释放、产业融合、产业集聚和结构优化促进了旅游产业边界的延伸、产业结构的重塑和旅游经济增长，这也就勾勒出了当前和未来中国旅游产业规模化发展的机制图景，为旅游产业规模升级促进旅游业面向战略性支柱产业目标的实践提供了发展路径，也就是要促进旅游产业从一般性的消费产业升级为国民经济的支柱产业。因此，旅游产业升级的规模研究包括潜力、结构和增长（见图 3-1）。潜力是旅游产业升级规模研究的基础。结构是旅游产业升级规模增长过程研究的解析。增长是旅游产业升级规模研究的相关性原因探讨。规模是旅游产业升级规模特征的定量表述。受限于旅游产业规模（增加值）统计的有关数据，下文将通过旅游产业规模的主要综合性指标即旅游总收入①，对旅游产业规模特征与增长过程进行解析，并通过指标间的相关性来勾勒旅

---

　　① 旅游总收入是入境旅游外汇旅游收入（人民币折算值）和国内旅游收入之和。虽然出境旅游流出了大量的外汇，对旅游业的总收入（三大市场旅游收入之和）有影响，但考虑到出境旅游消费中只有出境旅行服务费、出境旅行社的利润和部分航空旅行费用留在了国内，大部分的出境旅游开支是在国外，从而，出境旅游消费对旅游产业升级的规模（国内旅游经济增长）和效率（国内产业效率）影响有限。同时，考虑到目前关于旅游经济核算的国家层面的旅游增加值（T-GDP）没有可以参考的数据，因此，本书使用旅游总收入作为衡量旅游产业规模的核心指标。

游产业规模化升级的发展路径，以深化对旅游产业升级的规模研究。

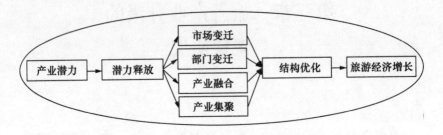

图 3 - 1　旅游产业升级的规模化方向

第一节　旅游产业升级的潜力分析

一　旅游产业升级的潜力

在国务院《关于加快发展旅游业的意见》中指出要"充分发挥旅游业在保增长、扩内需、调结构等方面的积极作用"。这说明如何正确认识旅游产业潜力和评价旅游产业释放具有重要的研究意义，因此有必要对旅游产业潜力的有关研究进行回顾。

在旅游产业发展潜力内涵研究上，马勇、董观志（1997）将特定时段内由区域环境所限制的、社会经济所支持的和旅游资源所能达到的供应极限总量定义为区域持续发展潜力。[①] 杨敏（2006）将旅游产业发展潜力定义为旅游产业在发展过程中所体现出的潜在的、在一定要素的刺激下能够发挥出来并能促进旅游产业持续发展的能力。[②] 于秋阳（2009）认为："旅游产业发展潜力是指现有的旅游产业资源在各种内外环境因素的影响和作用下，逐渐积累而成的

---

① 马勇、董观志：《区域旅游持续发展潜力模型研究》，《旅游学刊》1997 年第 4 期。

② 杨敏：《青海旅游产业的发展潜力评估》，《统计与决策》2006 年第 16 期。

一种潜在能力，这一能力是对产业未来的竞争力和发展力的支持与保障，并在一定条件下能够转化为竞争实力和发展力。"① 上述学者有关"旅游产业发展潜力"的研究可以归结为"旅游产业潜在的发展能力"。

在旅游需求潜力与旅游供给潜力关系上，冯学钢、王琼英（2009）从需求与供给结构研究了旅游产业的潜力，其研究发现，旅游产业具有巨大的发展潜力，从短期来看，旅游需求潜力要小于旅游供给潜力，旅游产业潜力受到旅游需求不足的短板制约。未来很长一段时间还需要刺激需求来实现旅游业更大潜力的挖掘。② 这说明旅游产业潜力受旅游需求和旅游供给的影响，并可通过旅游需求的刺激加以挖掘。

在旅游产业潜力与经济和第三产业的关系上，罗文斌等（2012）基于1978—2008年的数据，通过构建 Engel – Granger 两步协整分析模型和格兰杰因果检验模型，论证了由经济增长和第三产业增长到旅游发展的单向格兰杰因果作用关系，其中，第三产业的发展对旅游业的发展影响更大。③ 这说明，我国旅游产业的规模升级还是主要依赖国民经济的增长，特别是第三产业的发展，旅游产业对国民经济增长和第三产业发展的潜力释放有待继续研究和观察。

就旅游产业发展潜力的影响因素而言，曹辉、陈秋华（2007）从旅游资源要素状况、旅游市场状况、相关产业状况、旅游企业状况、外部环境条件、政策保障与支持条件六个方面对福建省乡村旅游产业潜力进行了分析。④ 杨敏（2006）通过因子分析法提取出青

---

① 于秋阳：《旅游产业发展潜力的结构模型及其测度研究》，《华东师范大学学报》2009 年第 5 期。

② 冯学钢、王琼英：《中国旅游产业潜力评估模型及实证分析》，《中国管理科学》2009 年第 4 期。

③ 罗文斌等：《旅游发展与经济增长、第三产业增长动态关系》，《旅游学刊》2012年第 10 期。

④ 曹辉、陈秋华：《福建省乡村旅游产业潜力和竞争力分析研究》，《林业经济研究》2007 年第 3 期。

海旅游产业发展潜力的主要影响因素为经济发展能力、基础设施和环境保障、旅游市场需求潜力、政府管理能力、文化发展水平及科技创新能力、旅游产业发展状况等。[①] 于秋阳（2009）认为，旅游产业发展潜力可以细分为自身成长潜力、市场扩张潜力和可持续发展潜力，具体影响因素有产业规模、结构、集群、创新要素、供给要素、需求要素、制度要素、基础要素和环境要素。[②] 而根据吴玉鸣（2013）的研究，中国旅游产业和各省旅游产业的要素（劳动和资本）投入处于规模报酬递增阶段。[③] 这说明中国旅游产业发展潜力受到诸多因素的影响，旅游产业潜力有待积极释放。

此外，还有学者分别就保护区旅游潜力、旅游环境承载力发展潜力、森林旅游资源开发潜力、房车旅游发展潜力、女性旅游市场潜力、滨海旅游城市潜在竞争力、游轮旅游竞争潜力、湿地生态保护区生态旅游发展潜力、中小文化旅游城市旅游潜力、冰川旅游发展潜力、游轮旅游经济潜力、体育旅游产业发展潜力、旅游就业潜力和中医旅游资源开发潜力等进行研究。可见，旅游产业潜力渗透到旅游产业融合发展的各领域，既是旅游产业发展活力的体现，也是推动旅游产业发展的内在动力。

从上述已有研究来看：（1）对旅游产业潜力及其在相关领域的概念进行了界定，并对旅游产业潜力的影响因素和潜力大小进行了探讨；（2）多数研究者都认同由于旅游产业的综合性特征，旅游产业潜力受到多重因素的影响，且对旅游产业巨大的发展潜力予以了充分的肯定（冯学钢、王琼英，2009）；（3）但很少有人专门研究旅游产业潜力释放的表现性问题。

综合起来，旅游产业升级潜力可以定义为：处于特定经济、社会、政治和技术环境的旅游产业在与相关产业及环境互动中所获得

---

① 杨敏：《青海旅游发展潜力评估》，《统计与决策》2006 年第 14 期。

② 于秋阳：《旅游产业发展潜力的结构模型及其测度研究》，《华东师范大学学报》2009 年第 5 期。

③ 吴玉鸣：《中国省域旅游业弹性系数的空间异质性估计》，《旅游学刊》2013 年第 2 期。

的促进旅游产业持续快速发展和规模不断升级的驱动力。旅游产业升级潜力受到多种因素的影响，但主要是受到驱动旅游经济活动发展的国民收入这一因素的影响。旅游产业升级潜力具有外在化的表现特征。也就是说，旅游产业升级潜力能够通过一定途径表现或释放出来，这种外在化的表现或释放是能够观察得到的，并能够加以测量的。

二　旅游产业升级的潜力释放

产业潜力是旅游产业升级规模研究的基础。中国旅游产业升级的潜力释放是指能够支撑中国旅游产业持续发展的环境条件和要素及其表现。根据筱原三代平关于支柱性产业选择的两大基准①之一"需求收入弹性原则"，同时结合宏观经济学奠基人凯恩斯的收入决定消费的理论，② 来进行旅游产业升级的潜力释放研究。旅游产业发展的潜力释放主要从促进旅游产业发展要素中选择具有典型表现形式、结构和重要驱动力的因素进行分析。因此，旅游产业升级的潜力释放研究主要运用需求收入弹性理论等对旅游需求潜力的释放进行历时性的定量测量和评估，全面深化对旅游产业升级潜力的认识。具体来看，就是要通过对旅游消费的收入弹性和旅游产业的就业弹性的分析评估，以探讨国民经济与旅游产业规模之间的相互影响。

三　旅游产业升级的潜力释放评价

根据中国经济发展的目标，到 2020 年全面建成小康社会，未来十年中国经济发展速度保持在 7% 以上。这是中国旅游产业升级的大的经济环境，也是中国旅游产业升级潜力释放的坚强依靠。下文旅游产业升级潜力评价主要通过旅游消费的收入弹性和旅游产业的就业弹性进行分析。

---

① 筱原三代平是日本著名发展经济学家，于 1957 年在一桥大学《经济研究》杂志第 8 卷第 4 号上发表了题为《产业结构与投资分配》的著名论文，提出了规划日本产业结构的两个基本准则，即需求收入弹性原则和生产率上升原则。

② 消费是收入的函数，即 $C = f(Y)$。人均国民收入与入境旅游人数、国内旅游人数和旅游总收入有着显著的相关性。参见张景群、康秀亮、李菲《中国旅游业发展若干指标分析与预测》，《西北农林科技大学学报》（社会科学版）2007 年第 2 期。

1. 旅游消费的收入弹性

弹性在经济学里反映的是两个变量的相对变化关系，通常反映因变量受自变量变化的影响程度。而旅游消费是指"由旅游单位（游客）使用或为他们而生产的产品和服务的价值"（世界旅游组织）；旅游消费是指人们在旅行游览过程中，为了满足其自身发展和享受的需要而消费的各种物质资料和精神资料的总和（罗明义，1990）。因此，旅游消费的收入弹性是指随着国民收入的增加所引起的旅游消费支出的增加，是旅游消费支出对国民收入的敏感程度。旅游消费的收入弹性可以通过计算旅游消费增长的百分比与国民收入增长的百分比的比值来获得。下面将通过弹性的计算公式［见式（3-1）］，来计算并反映中国近年来旅游消费的收入弹性的大小，以解释和佐证中国旅游产业升级的潜力（见图3-2、图3-3和附录4），其中对 2003 年和 2008 年的弹性值做平滑处理，取其前后两年弹性值的平均值。

$$E_m = \frac{\dfrac{\Delta TR}{TR}}{\dfrac{\Delta GDP}{GDP}} \qquad\qquad (3-1)$$

式中，E_m 表示旅游消费的收入弹性系数，TR 表示旅游消费支出（理论上该数值等于旅游消费收入），ΔTR 表示旅游消费支出的变动额，GDP 表示国内生产总值，ΔGDP 表示国内生产总值变动额。

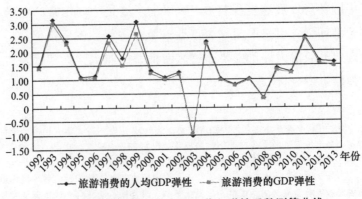

图 3-2　旅游消费的（人均）收入弹性系数测算曲线

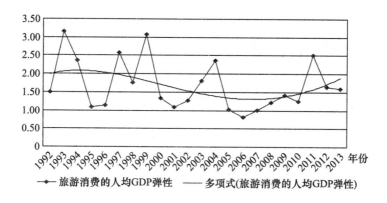

图 3 - 3　中国旅游产业升级潜力：旅游消费的人均收入弹性

系数曲线趋势

从图 3 - 2 可以看出，随着中国 GDP 的增长，旅游收入快速增加。除 2003 年和 2008 年，旅游消费的收入弹性大多大于 1 或者接近 1；而且 22 年间弹性值的平均值是 1.41，即整体上富有弹性。同时，随着中国人均 GDP 的增长，旅游收入快速增加。除 2003 年和 2008 年，旅游消费的人均收入弹性大多大于 1 或者接近 1；而且 22 年间弹性值的平均值是 1.51，即整体上富有弹性。这说明中国经济增长有力地支持旅游产业的发展，也印证了凯恩斯关于收入决定消费的理论。也就是说，人们在收入增加后，将更加有可能或者优先①将收入用于旅游消费。

从图 3 - 3 可以看出，1992—2013 年旅游消费的收入弹性系数整体呈现波动上升趋势，但弹性系数大小一直都在 1 的上方，即富有弹性区间。根据回归分析，中国旅游消费的弹性系数将沿趋势线

---

①　1991—2007 年城镇居民文教娱乐消费收入弹性整体上呈现逐年增长态势，从 0.892 上升到 1.349。参见鲁婧颉《转型时期居民文教娱乐消费的收入弹性分析》，《产业经济评论》2010 年第 1 期。

走向，继续维持在富有弹性区域。① 中国未来十年旅游消费的收入弹性系数的预测值，见表3-1和图3-4。

表3-1 中国未来十年旅游消费的收入弹性系数的预测值

年份	2014	2015	2016	2017	2018
E系数	1.6674 （富有弹性）	1.7302 （富有弹性）	1.8014 （富有弹性）	1.8810 （富有弹性）	1.9690 （富有弹性）
年份	2019	2020	2021	2022	2023
E系数	2.0654 （富有弹性）	2.1702 （富有弹性）	2.2834 （富有弹性）	2.4050 （富有弹性）	2.5350 （富有弹性）

注：旅游消费的收入弹性回归分析方程是：$E = -0.0042x^2 - 0.1262x + 2.411$；$R^2 = 0.1293$。

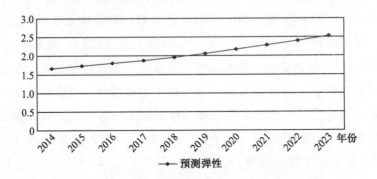

图3-4 中国未来十年旅游消费的收入弹性系数曲线

2. 旅游产业的就业弹性

旅游产业的就业弹性描述的是旅游收入与吸纳劳动就业之间的

① 根据居住消费与发展水平的倒"U"形结构（世界经验），可以推测中国在实现小康社会前及后期居住类消费有放缓或下降趋势，而更多的消费将用于发展和享受型消费，旅游消费就是典型的发展和享受型消费。因而，旅游消费富有弹性的预测结果的合理性也是有消费经济规律支持的。

关系。该部分使用《中国旅游统计年鉴（副本）》有关旅行社、旅游饭店和旅游景区的营业收入和从业人数的有关数据进行分析（见图3-5、图3-6和附录5）。其中，营业收入是指旅游产业中支柱型的企业，如旅行社、旅游饭店和旅游景区的营业收入（单位是万元）。直接就业是指旅游产业中支柱型的企业，如旅行社、旅游饭店和旅游景区的从业人员数量（单位是人）。由于旅游就业包括直接就业和间接就业。同时，根据有关的研究发现，间接就业人数是直接人数的5—7倍。[①] 因此，旅游总就业人数应该是直接就业的6—8倍，也就是说，旅游总就业弹性系数应该是直接就业弹性系数的8倍。

从上述有关旅游产业的就业弹性系数分析来看：直接弹性系数整体上保持正值，且近半数接近于单位弹性；总就业弹性系数70%

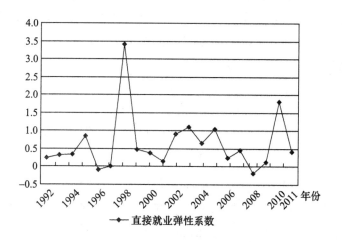

图3-5　旅游产业直接就业弹性曲线

① “据世界旅游理事会（WTTC）公布的资料显示，旅游部门每增加1个直接就业人员，社会上就能增加5个就业机会。”转引自陈友华《旅游对日本经济的“波动效应”分析》，《南昌大学学报》（哲学社会科学版）2005年第2期。

另据国家旅游局局长邵琪伟在（南非）旅游20国部长会议上表示：截至2010年，中国旅游直接就业人数达1100万人，间接就业人数达6500万人，相当于全国就业总数的9.6%。资料来源：钱春弦、邵琪伟：《中国旅游就业已占总就业人数的9.6%》，新华网，http：//news. xinhuanet. com/politics/2010 - 02/25/content_ 13048318. htm，2010 - 02 - 25。

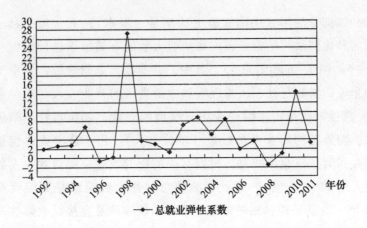

图 3 - 6　旅游产业总就业弹性系数曲线

以上都是富有弹性的，其余弹性系数大都是接近于单位弹性的。因此，可以看出，旅游企业营业收入对直接旅游就业和旅游总就业具有明显的拉动效应，能够吸纳大量的劳动力，旅游产业升级潜力释放效应显著。

第二节　旅游产业升级的结构分析

旅游产业潜力的释放主要是通过旅游产业的结构升级，即市场结构、部门结构、产业融合和产业集聚等来实现的，并通过旅游产业升级的结构效益进行综合测量和评价。

一　市场结构升级

中国旅游市场包括入境旅游市场（主要是指入境外国人）、出境旅游市场（主要是因私出境）和国内旅游市场三部分，即三大市场。根据历年《中国统计摘要》对三大市场的旅游人数进行统计，见图 3 - 7 和附录 6。从统计数据来看，中国旅游已经走过了单一依靠入境旅游（外国人）这一外部市场发展的阶段，进入三大市场繁荣发展的阶段。其中，中国出境（因私）旅游市场异军突起，在

2003 年一举超越入境旅游（外国人）市场，2012 年中国出境旅游人数位居世界第一位；国内旅游市场从 2000 年的 7 亿人次攀升到 2012 年的 29.6 亿人次。可见，十多年来中国旅游产业市场结构发生了根本性的变化，中国居民的出境旅游和国内旅游已经成为中国旅游市场的主体。

　　因此，中国旅游完成了通过入境旅游进行服务出口创汇到国内旅游和出境旅游两大市场的崛起，中国旅游实现了旅游服务贸易的转型和旅游产业的市场结构升级。今后很长的一段时期内，中国旅游产业在继续大力开拓入境旅游市场的同时，要转型升级，通过更好的服务更有效率地满足国内居民国内旅游、出境和海外游客到访观光旅游及休闲度假的需要。

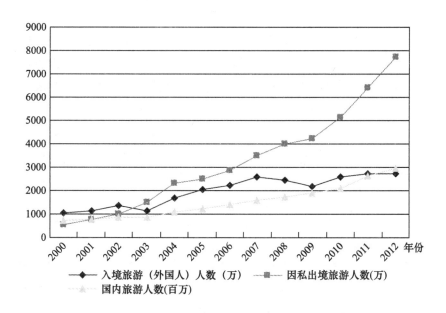

图 3-7　中国三大市场旅游人数走势

二　行业结构升级

　　旅游产业通常由六大行业组成，即食、住、行、游、购、娱。本书根据历年《中国旅游统计年鉴》对中国旅游产业的旅行社个数、星级饭店个数、旅游院校数和旅游院校学生数等进行了统计，见图 3 - 8 和附录 7。

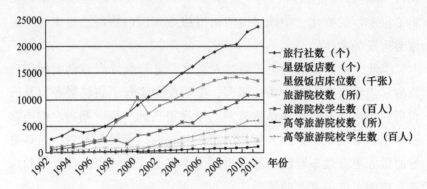

图 3 - 8 中国旅游产业部门结构走势

从统计数据来看，旅行社数从 1992 年到 2011 年增长了近 10倍，年均增长 11.69%，快于同时期 GDP 年均增长率；星级饭店数从 1992 年到 2011 年增长超过了 10 倍，年均增长 13.75%，也快于同时期 GDP 年均增长率；星级饭店床位数从 2001 年到 2011 年增长超过 1 倍，年均增长 7.03%，快于同时期 GDP 年均增长率；旅游院校数从 1992 年到 2011 年增长率近 10 倍，年均增长 11.33%，快于同时期 GDP 年均增长率，其中高等旅游院校数增长了近 20 倍，增速为 15.01%；而同期旅游院校学生数增长了 16.7 倍，年均增长15.43%，增速远远快于同时期 GDP 年均增长率，其中高等旅游院校学生数增长了 7 倍，增速为 23.40%。

因此，可以看出，以旅行社和星级饭店为代表的中国旅游的核心产业已从一个小众产业而成长为一个大众产业①，其中星级饭店床位数保持同步增长；以旅游院校和旅游院校学生为代表的中

———————

① 此处的大众产业、小众产业、小众教育和大众教育是根据其规模而言的。其中，大众产业和小众产业可以通过万人拥有的企业数量进行划分。小众教育和大众教育，可以通过旅游教育在院校中的普及率进行划分。

国旅游的辅助产业已从一个小众教育成长为一个大众教育①，其中高等旅游院校数和高等旅游院校学生数保持有质量的增长。因此，从上述分析来看，中国旅游产业的行业（部门）结构在升级。

三 产业融合升级

产业融合是信息化和技术化时代产业规模化扩张和产业化集聚的一条重要途径，也是当前和未来旅游产业发展壮大的主要途径。产业融合升级主要从旅游产业部门内的增长差异入手进行分析。罗明义（2009）认为，旅游产业可以划分为旅游核心产业部门②（旅行社、旅游饭店和旅游景区）和旅游非核心产业部门（包括辅助产业和相关产业）。③ 对于旅游产业的融合发展而言，如果旅游产业总体规模扩大（参见规模扩张部分的论述），而旅游核心产业比重下降，则表明旅游产业对相关产业的渗透在加强，旅游产业的结构在升级。因此，可以通过旅游核心产业比重来测度旅游产业的结构升级。具体就是选取旅行社、星级饭店和旅游景区的营业收入作为测定旅游核心产业的规模指标；选取当年中国旅游总收入作为测定中国旅游产业的总规模指标，将两者相除，观察其比重的变化，见图3-9、图3-10和附录8。旅游产业核心产业比重和旅游产业的融合度计算公式如下：

$$旅游产业核心产业比重 = \frac{核心旅游产业营业收入}{旅游业总收入} \times 100\%$$

$$旅游产业融合度 = 100 - 旅游产业核心产业比重 \times 100$$

---

① 根据教育部2012年公布的高等旅游院校学科设置，旅游管理已经成为一级学科，学科地位升级。

② 旅游交通直接服务于旅游产业，理论上属于核心旅游产业部门。但由于没有独立和连续的统计数据。因此，在实证研究中的核心旅游产业部门没有包括旅游交通，效率分析中也是如此，特此说明。

③ 罗明义：《旅游经济学》，北京师范大学出版社2009年版，第320—328页。

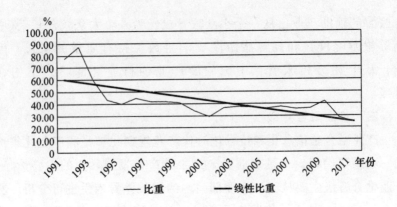

图3-9　中国旅游核心产业比重

从图3-9和图3-10来看，1991—2011年中国旅游核心产业比重平均值是42.45%，最高值达到87.13%，最低值是24.62%；从近21年的平均比重走势（黑色直线）来看，中国旅游核心产业比重整体稳定，并且在近两年呈现快速下降趋势。1991—2011年中国旅游产业融合度，最低值是12.87%，最高值达到75.38%；从近21年来的走势看，中国旅游核心产业融合度稳步上升，并且在近两年呈现快速上升趋势。因此，中国旅游产业的结构在变迁，规模扩大的同时，渗透力也在加强，说明中国旅游产业融合在升级。

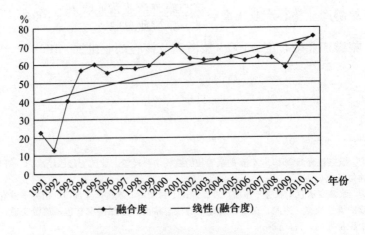

图3-10　中国旅游产业融合度走势

四　产业集聚升级

产业集聚是产业发展中常见的一种空间上集中化现象，它是在产业规模效益、产业内在关联和产业正的外部性作用下形成产业，在一定区域和空间上聚集或规模化扩张。产业集聚随着产业的发展会表现出持续的强化和集聚升级的态势。产业集聚也是居民旅游需求释放和产业发展壮大的重要途径。下面采用产业空间集中度指数［C指数，见式（3－2）］和赫希曼—赫佛因德指数［H指数，见式（3－3）］分别对中国各省市（不包括港澳台）旅游产业集聚态势进行分析。鉴于各省市旅游产业外汇收入指标较旅游产业总收入指标更具有权威性，因此旅游产业集聚主要是通过各省市旅游产业外汇收入的集聚情况进行分析，所需要的各省市旅游外汇收入数据来自1990—2012年的《中国统计年鉴》，有关数据见附录9。式（3－2）中C_n表示中国旅游产业集中度指数，X_i表示各省市旅游产业外汇收入（美元），N表示所有省市个数，n表示旅游产业外汇收入份额大的省市个数；式（3－3）中H_n表示中国旅游产业赫希曼—赫佛因德指数，X_i表示各省市旅游产业外汇收入（美元），N表示所有省市旅游外汇收入总和，n表示旅游产业外汇收入份额大的省市个数。

$$C_n = \frac{\sum\limits_{i=1}^{n} X_i}{\sum\limits_{i=1}^{N} X_i} \qquad\qquad (3-2)$$

$$H_n = \sum\limits_{i=1}^{n} \left(\frac{X_i}{X}\right)^2 \qquad\qquad (3-3)$$

经过数据整理和指标化测算显示：（1）各省市产业集聚状态分为四类，见表3－2。这说明旅游产业集聚态势有显著差异。（2）旅游产业外汇收入占比最大的8个省市是广东省、江苏省、上海市、浙江省、北京市、福建省、辽宁省和山东省，其C_8值23年来虽有下降，但都在72.34%以上，平均值为79.95%；其H_8值23年来也有下降趋势，但都在912.35（$H_8/H = 94.58\%$）以上，平均值为

1442.44 ($H_8/H = 97.80\%$)，这说明旅游产业集聚在少数省市。
（3）随着中国经济和旅游发展市场化程度的提高，以北京市、上海市和广东省为代表的政治中心或改革开放先行省市仍是产业集聚的重点省市，扣除上述三省市后，旅游产业集聚测算 C_5 值23年来持续上升（见图3-11），H_5 值也是持续上升（见图3-12），这说明市场化背景下旅游产业集聚态势升级。

表3-2　　　　　　　中国各省市旅游产业集聚状态分类

类型	省市	个数
重点型省市	北京市、上海市和广东省	3
上升型省市	辽宁省、江苏省、浙江省、福建省、山东省、贵州省、云南省、西藏自治区、湖南省、河南省、江西省、安徽省、黑龙江省、吉林省、内蒙古自治区、山西省、河北省、天津市、四川省[①]	19
持平型省市	陕西省、重庆市、湖北省、新疆维吾尔自治区和宁夏回族自治区	5
下降型省市	甘肃省、青海省、海南省和广西壮族自治区	4

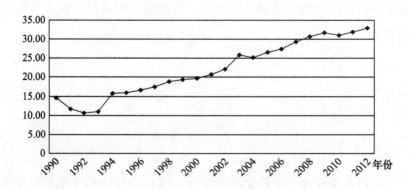

图3-11　中国旅游产业集中度（C_5）曲线走势

---

①　四川省产业集聚份额实际数据是呈现下降和波动趋势的。但刨除重庆市从四川省分出来和2008年汶川大地震所带来的影响，其产业集聚也是增加的。因此，将其归入上升型省市。

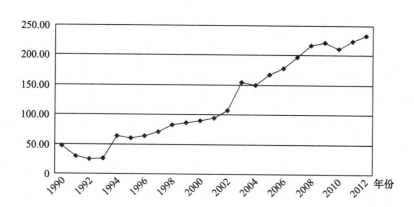

图3-12 中国旅游产业集聚指数（H_5）曲线走势

总体来看，在产业集聚重点省市和产业份额较大且呈上升型省市层面，中国旅游产业集聚显著，正如吴玉鸣（2013）研究所呈现的中国省域旅游业产出具有明显的局域集群趋势[1]；而在产业集聚上升型省市中，中国旅游产业呈现省市区域性的快速集聚。

五 旅游产业升级的结构效益

发展经济学告诉我们：经济增长的过程是一个要素投入的过程，同时也是一个经济结构变化的过程。旅游产业升级的结构效益是对旅游产业结构生产力的研究。洪艳、何圣俊（1991）较早系统论述生产力结构与生产力发展的关系后明确指出生产力结构不单是生产力产生的条件，其本身也是生产力的要素之一。[2] 现实经济发展中，三次产业结构变迁的过程也就是世界经济增长的过程。钱启东（1994）认为，结构生产力具有两个基本特征：一是它有别于传统意义上伴随着总量规模扩张所形成的生产力，而是在经济结构动态变化中形成的新的生产力；二是现代系统科学是结构生产力的理论依据，科学管理方式、手段是形成结构生产力的现实基础，也是必

---

① 吴玉鸣：《中国省域旅游业弹性系数的空间异质性估计》，《旅游学刊》2013 年第 2 期。

② 洪艳、何圣俊：《论结构生产力》，《云南社会学科》1991 年第 4 期。

要条件，科学技术是结构生产力的支柱并居于其最高层面。①

　　旅游产业的结构问题关乎学者们对旅游业的认识问题，是旅游经济研究的重点。旅游产业的结构问题是旅游经济发展到较高水平，旅游产业规模进一步提升后旅游经济学者聚焦研究的内容。罗明义（1994，2001）较早对旅游经济结构的概念、内容和合理化进行了研究，对旅游产业结构的分类、影响因素、合理化和高度化进行系统探讨②；提出了旅游产业结构生产力的概念，并进行了定量测量和实证研究。③ 林南枝、陶汉军（2000）指出，旅游产业结构优化，一要引入需求标准来考察各子行业在供给与市场需求之间的拟合程度；二要考察各行业自身发展的现状与后劲，创造出未来更广阔的发展空间。④ 廖涛（2012）通过对四川省旅游产业结构生产力系数的计算提出了相应的改善旅游产业生产力结构的对策。⑤ 结构生产力是推动中国旅游产业经济发展的一个重要的途径。

　　由于入境旅游反映一个国家旅游服务贸易的整体竞争力，能够反映该国旅游产业结构所具有的内在特征。因此，中国旅游产业结构变化推动规模升级的研究是通过中国入境旅游外汇收入的结构生产力来实现的，其实证研究采取下面三个步骤完成，分别计算海外旅游者人数构成与入境旅游外汇收入、外国游客目的与外国人旅游收入、国际旅游外汇收入构成与外汇收入的结构生产力，见表3-3。具体来看，海外旅游者结构划分是外国人、香港同胞、澳门同胞和台湾同胞；外国游客目的的结构划分是：探亲访友、会议/商务、观光休闲和其他；国际旅游外汇收入结构划分是：外国人（国际旅游外汇收入）、香港同胞（国际旅游外汇收入）、澳门同胞（国际旅游外汇收入）和台湾同胞（国际旅游外汇收入）。上述有关数据均来自历年《中国旅游统计年鉴》。

　　① 钱启东：《树立结构生产力的发展观》，《学术月刊》1994年第2期。
　　② 罗明义：《现代旅游经济学》，云南大学出版社1994年版。
　　③ 罗明义：《旅游经济分析：理论、方法、案例》，云南大学出版社2001年版。
　　④ 林南枝、陶汉军：《旅游经济学》（修订版），南开大学出版社2000年版。
　　⑤ 廖涛：《旅游产业结构生产力定量实证分析》，《商业时代》2012年第17期。

对旅游产业结构生产力分析[1]，主要通过分析计算旅游产业内部各行业的构成比、旅游产业结构变动指数和结构生产力系数，来综合反映旅游产业结构的合理化及其对旅游经济增长的作用和影响，有关的数据见附录 10。旅游产业结构生产力分析步骤如下：

第一步是计算旅游产业构成比重。旅游产业内部各行业的构成比重，反映了各行业对旅游经济总量的贡献及变化影响。其构成比重 R_i 可按式（3 - 4）计算：

$$R_i = \frac{X_i}{\sum\limits_{i=1}^{n} X_i} \times 100\% \qquad (3-4)$$

第二步是计算旅游产业结构变动系数。结构变动指数，是指旅游产业某一指标的构成比在相邻年份（或多年）间的变动值，它反映了不同年份间旅游产业结构的变化情况。通常，结构变动指数的大小，反映了旅游产业内部结构变化的大小或相对稳定程度。结构变动指数 CI_S 可按式（3 - 5）计算：

$$CI_S = \arccos \frac{\sum\limits_{i=1}^{n} X_{i(t)} \cdot X_{i(t-1)}}{\sqrt{\left(\sum\limits_{i=1}^{n} X_{i(t)}^2 \right) \cdot \left(\sum\limits_{i=1}^{n} X_{i(t-1)}^2 \right)}} \qquad (3-5)$$

第三步是计算旅游产业结构生产力系数。结构生产力系数，是指旅游产业结构变动指数对旅游经济总量增长率的弹性系数，它反映了旅游产业结构变动对旅游业发展的推动作用和影响力。通常，结构生产力系数的高低反映了结构变动对旅游业发展的推动力的大小。结构生产力系数可按式（3 - 6）计算，计算结果见表 3 - 3。

$$P_s = \frac{r_s}{CI_s} \qquad (3-6)$$

---

[1] 罗明义：《旅游经济学：分析方法·案例》，南开大学出版社 2005 年版，第 244—250 页。

表 3 – 3 近十年中国旅游产业结构生产力

产业结构层次	旅游外汇增长率（r）	结构变动指数（CI_s）	相关系数（R）	结构生产力（P_s）
海外旅游者人数构成与外汇收入 *	310%	0.1358	0.74	2283.05
外国游客目的与外国人旅游收入 **	126%	0.0940	0.77	1340.08
国际旅游外汇收入构成与外汇收入 ***	257%	1.5571	0.81	165.05

注：* 是基于 2001—2013 年的数据计算而得；* * 是基于 2002—2010 年的数据计算而得；* * * 是基于 2001—2010 年的数据计算而得；同时，对于 2003 年和 2008 年的外汇收入数据进行平滑处理。

从近十年中国旅游产业结构生产力测算来看：旅游产业结构变动系数与旅游外汇增长率呈正相关，相关系数平均约在 0.8①，旅游产业结构在优化，旅游产业结构生产力高。参照相关系数的评价标准 R 小于 0.3 为不相关，R 位于 0.3—0.8 为弱相关，R 大于 0.8 为强相关。由于中国旅游产业结构生产力平均在 0.8 左右，这说明入境旅游外汇收入结构的变动对外汇旅游收入的增长起到直接的推动作用。由于入境旅游外汇收入反映了一个国家旅游服务贸易出口能力，是一个国家旅游产业结构的集中代表，因此我们可以说，在经济持续健康发展的背景下旅游产业结构的转换能够有力地促进中国旅游产业的规模升级。

第三节 旅游产业升级的规模分析

旅游产业升级的规模分析主要是探讨旅游产业升级的影响因素、旅游产业规模变化和旅游产业地位情况。因此，相应的分析也分为

---

① 如果没有外部经济金融危机和类似"非典"等突发事件的影响，相关系数将更高。

三个方面，即旅游产业规模升级的影响因素分析、旅游产业升级的规模指数分析和旅游产业地位指数分析。

一　旅游产业规模升级的影响因素分析

旅游产业作为消费需求型的具有广泛关联度的第三产业，其发展规模与多种经济环境变量有关。因此，旅游产业规模升级的研究需要涉及更多的解释变量，通过多元回归来探索影响其规模升级的影响因素。在实际研究中，多元线性回归模型中的解释变量往往存在程度不同的线性相关关系，经典线性回归模型的经典假设条件之一即解释变量之间不存在线性关系（任何一个解释变量不能写成其他解释变量的线性组合）难以满足，这就是解释变量的多重共线性问题。[1] 同时，也应看到多重共线性造成的影响包括"增大最小二乘估计量的方差；可能降低在假设检验中舍去重要的解释变量，检验的可靠性降低；回归模型缺乏稳定性"。[2]

旅游产业升级既需要对投入要素（见"效率研究"部分），也需要对旅游产业规模升级相关因素进行研究。因此，为了更好地探索影响旅游产业规模升级的原因，有效避免现实经济变量存在的多重共线性问题，因此，下文以凯恩斯收入消费理论为框架背景，考虑影响旅游规模升级的需求和供给两个方面的因素，结合能够获得有关旅游业发展的社会经济数据，进行多重共线性研究。具体的技术处理通过计量经济学软件 Eviews 6.0 首先进行相关性系数检验，其次是采用逐步回归法[3]做多重共线性回归分析，有关数据来自历年《中国经济年鉴》，见附录11。

1. 相关系数检验

运用 Eviews 6.0 对影响旅游产业规模升级的相关因素与旅游收入进行相关性检验，检验结果见表 3 - 4。

---

① 孙敬水主编：《计量经济学》，清华大学出版社 2004 年版，第 226 页。
② 同上书，第 228—230 页。
③ 同上书，第 238—239 页。

表 3 – 4　旅游收入与影响旅游产业规模升级相关因素的相关系数

Correlation	*Tsnumber*	*Tservicerate*	*Trainmile*	*Tdallor*
Y	0.922403	– 0.788615	0.913691	0.941716
Correlation	*Pgdp*	*Intourists*	*Hotelnumber*	*Gdp*
Y	0.986179	0.862638	0.817181	0.986644
Correlation	*Students*	*Enger*	*Planetourists*	*Cityrate*
Y	0.952071	– 0.718509	0.978858	0.867427

注：表中 Y 表示旅游收入；Tsnumber 表示旅行社个数；Tservicerate 表示旅游的服务贸易比重；Trainmile 表示铁路公里数；Tdallor 表示旅游外汇收入；Students 表示旅游院校学生数量；Planetourists 表示民用航空客运量；Pgdp 表示人均国内生产总值；Intourists 表示入境旅游人数；Hotelnumber 表示星级饭店个数；Gdp 表示国内生产总值；Enger 表示城镇居民的恩格尔系数；Cityrate 表示城镇化率。

2. 多重共线性回归分析

第一步，对影响旅游产业规模升级（旅游收入）的各影响因素进行一元线性回归（OLS）并对参数符号、拟合度和 t 检验进行判断。

第二步，首先确定一个基准的解释变量，即从已有变量中选择解释得最好的一个建立基准模型。

第三步，在基准模型的基础上，逐步加入其他的解释变量进行逐步回归分析，寻找拟合优度最好的回归方程。

第四步，确定去除引起多重共线性后的含有解释变量的回归模型是：

$$y = -2904877 + 276.6617Gdp + 28.94073planetourists$$

$$(-2.57) \qquad (4.61) \qquad (2.51)$$

$$R^2 = 0.980624$$

所有的解释变量参数符号合理而且通过 t 检验，因此，这时的估计方程最好地拟合了数据（见图 3 – 13）。

通过对旅游产业规模升级的多重线性回归分析发现：（1）影响旅游产业规模升级的主要因素是国民收入水平和民用航空客运量；（2）国民收入水平提高对规模升级的影响是 1 : 276.6617；（3）民

用航空客运量提高对规模升级的影响是 1：28.94073。正如邓小平（1978，1979）指出的，"民航、旅游这两个行业很值得搞"[①]、"旅游总局和民航总局要一块研究一下，以发展旅游为中心，搞一个综合方案报中央"。[②]

Dependent Variable：Y

Method：Least Squares

Date：08/19/13 Time：10：54

Sample：1992 2001

Included observations：20

Variable	Coefficient	Std. Error	t – Statistic	Prob.
C	– 29024877	11300364	– 2.568490	0.0199
GDP	276.6617	60.06363	4.606144	0.0003
PLANEMILE	28.94073	11.54954	2.505791	0.0227
R – squared	0.980624	Mean dependent var		68375036
Adjusted R – squared	0.978344	S. D. dependent var		55262975
S. E. of regression	8132430	Akaike info criterion		34.79810
Sum squared resid	1.12E + 15	Schwarz criterion		34.94746
Log likelihood	– 344.9810	Hannan – Quinn criter		34.82726
F – statistic	430.1836	Durbin – Watson stat		1.344499
Prob（F – statistic）	0.000000			

图 3 – 13　旅游产业规模升级多重共线性回归分析结果

二　旅游产业升级的规模指数分析

1. 旅游经济增长与旅游产业升级

旅游产业升级的规模研究主要表现为旅游经济增长，旅游经济增长推动着旅游产业的规模升级。旅游经济增长是指一个国家或地

---

① 中共中央文献研究室、国家旅游局编：《邓小平论旅游》，中央文献出版社 2000 年版，第 1 页。

② 同上书，第 3 页。

区在一定时期内，有效提供给旅游市场的旅游产品和服务的价值总和的增加。它是旅游产业在价值创造数量上的增加和产业规模上的扩大，具体表现为旅游经济总产出数量的增加和规模上的扩大，反映了一个国家或地区旅游经济总量的变化状况。旅游经济增长通常是使用旅游总收入来衡量的。因此，旅游产业升级的规模研究主要是通过对旅游总收入的分析来实现的。

2. 旅游产业升级的规模指数分析

旅游产业升级的规模指数就是使用旅游总收入这一反映旅游经济增长的综合指标来对旅游产业规模升级的速度进行测算。旅游产业升级的规模指数是指以某一年的旅游总收入为基期（规模指数为100），以此为基础依次对后续各年的旅游总收入分别进行旅游产业升级的规模指数测算。① 具体来看，以 1992 年旅游总收入为基础来衡量旅游产业的规模，并将 1992 年的旅游产业升级的规模指数定为100，后面依次计算 1993—2012 年的旅游产业升级的规模指数，见图 3 - 14 和附录 12。

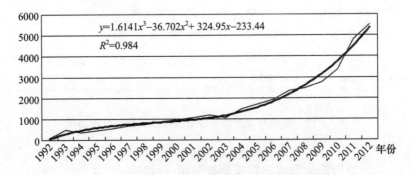

图 3 - 14　中国旅游产业升级的规模增长指数年度曲线

从图 3 - 14 可以看出，中国旅游产业升级的规模指数呈现快速上升趋势，直接反映了中国旅游产业的规模升级态势。中国旅游产

① 物价因素对于旅游总收入的影响极其有限。因此，这里的测算没有考虑物价因素的影响。

业升级的规模指数，从 100 到 1000 用了 8 年；从 1000 到 2000 用了 6 年；从 2000 到 3000 用了 3 年；从 3000 到 4000 用了 1 年；从 4000 到 5000 用了 1 年。到 2012 年中国旅游产业规模已经是 1992 年的 55 倍了。这说明中国旅游产业规模升级态势高昂、升级步伐加速和升级动力强劲。

三　旅游产业地位指数分析

1. 旅游产业地位与旅游产业升级

旅游业是具有典型外向型特征的经济产业，对一个国家，特别是发展中国家而言无论是在国民经济发展和对外服务贸易出口中都具有重要意义。旅游产业地位最终体现为旅游产业规模的增加以及其对国家或地区经济增长的重要性。如果旅游产业在一国经济中占的比重增加，或者产业的重要性在提升，那么我们就可以说旅游产业升级了。虽然此时的旅游产业升级仍表现为一种规模上的重要性，但这却是由旅游产业在国民经济体系中的重要性地位所决定的，因此，旅游产业相对规模比重决定旅游产业地位，旅游产业地位反映旅游产业升级。

2. 旅游产业地位指数分析

通常来讲，旅游产业规模可表现为旅游产业内的企业数量多少与规模大小、旅游产业的产值规模、旅游产业的增加值规模和旅游产业占国民经济或服务经济贸易的大小。鉴于旅游产业在国民经济发展和对外服务贸易中的重要作用，本书选取旅游统计资料中常用来反映旅游产业规模的产值指标，即旅游收入指标，分别从旅游产业规模的国民收入占比（旅游的产业经济规模比率）和对外服务贸易出口占比（旅游的服务贸易出口比率）两个方面进行旅游产业地位的指数的界定和核算。

旅游的产业经济规模比率是指一个国家或地区的旅游产业规模占该国或该地区国民经济中的比重，它反映了一国或地区旅游产业经济在该国或地区国民经济中的产业地位。具体可以通过计算一个国家或地区的旅游产业综合收入（不考虑物价因素的影响）与该国或该地区同期的国内生产总值（GDP）的比率来获得。旅游的产业经济规模比率的计算公式如下, 计算结果见图 3 – 15。

$$旅游的产业经济规模比率 = \frac{旅游总收入}{GDP} \times 100\%$$

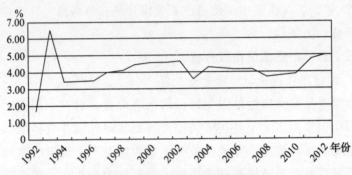

图 3 – 15　旅游的产业经济规模比率

　　旅游的服务贸易出口比率是指一个国家或地区旅游服务贸易出口额占该国或地区同时期服务贸易出口额的比重, 它反映了一国或地区旅游服务贸易在该国或地区服务贸易出口中的产业地位。具体可以通过计算一个国家或地区的旅游服务贸易出口额与该国或地区同期的服务贸易出口额的比率来获得。旅游的服务贸易出口比率的计算公式如下, 计算结果见图 3 – 16 和附录 13。

$$旅游的服务贸易出口比率 = \frac{旅游外汇收入}{服务贸易出口总额} \times 100\%$$

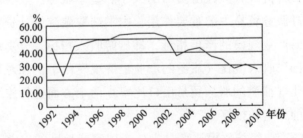

图 3 – 16　旅游的服务贸易出口比率

　　从图 3 – 15 和图 3 – 16 可以看出: 无论是旅游的产业经济规模比率, 还是旅游的服务贸易出口比率, 在快速增长的国民收入和服务贸易出口中都处于相对稳定的状态和走势 (除 1993 年两个比率偶然大幅上升或下降以外）。其中，旅游的产业经济规模比率长期稳定在4.5%左右，距离产业经济学中支柱产业（5%）的标准很近，其差距也是旅游产业规模升级的空间。旅游的服务贸易出口比率长期稳定在26%以上，近18年来长期稳居服务贸易出口第一位，是我国服务贸易出口的中流砥柱。这说明中国旅游产业无论是在国内生产总值创造还是服务贸易出口创汇方面都具有明显优势。上述指标中，旅游的产业经济规模比率长期稳定，旅游的服务贸易出口比率似乎有下降趋势，这是在说明旅游产业的地位优势在减弱吗？当前，我国国民经济整体处于以工业化为主导特征的快速发展期，任何一项服务性的产业都难以支撑大国经济的长期稳定和可持续发展，在工业依然是财富主要来源的经济增长背景下，旅游产业地位比率指数这一对相对比重指标能保持基本稳定本身就是旅游产业升级的表现，说明旅游产业在中国经济强国建设和现代服务业国际竞争力方面扮演着十分重要的角色。因此，看似矛盾，实则不然，旅游产业地位比率指数的相对稳定也反映了旅游产业在升级。

第四节　潜力、结构与规模的一致性分析

旅游产业的潜力、结构与规模的一致性分析主要是依据旅游产业规模升级的内在机理，通过计算有关变量的相关性系数和格兰杰检验来实现的。因此，旅游产业潜力、结构与规模的一致性评价包含旅游产业规模升级的相关性分析和旅游产业规模升级的格兰杰检验两步。

一　旅游产业规模升级的相关性分析

旅游产业规模升级的相关性分析是对旅游产业的潜力、结构和规模之间的相关性进行分析。旅游产业规模升级的相关性分析的有关变量的选择和变量的合理化做如下处理：旅游产业的潜力使用旅游产业潜力的弹性累加值；旅游产业的结构使用平均增长率的旅游产业融合度；旅游产业的规模使用旅游产业规模指数，见表3-5。

表3-5　中国旅游产业规模升级的相关性分析（1991—2011 年）

变量	旅游产业潜力 X	旅游产业结构 Y	旅游产业规模 Z
旅游产业潜力 X	—	0. 967625599	0. 915705007
旅游产业结构 Y	0. 967625599	—	0. 974391252
旅游产业规模 Z	0. 915705007	0. 974391252	—

资料来源：根据中国旅游产业规模升级研究的有关数据计算而得。

通常，相关系数 R 的绝对值一般在 0.8 以上，则认为高度相关；R 位于 0.3—0.8 为弱相关；在 0.3 以下，则认为是不相关。从上述有关相关系数计算表来看，有关变量的相关系数 R 都大于 0.9。根据相关系数 R 的通用标准来看，中国旅游产业规模升级的潜力、结构和规模三个变量之间存在高度相关性。

二　旅游产业规模升级的格兰杰检验

旅游产业规模升级的格兰杰检验是对旅游产业的潜力、结构和规模之间的因果关系进行检验。有关潜力、结构和规模指标的选取同上述相关性分析相同，格兰杰因果关系检验是通过计量经济学软件 Eviews 6.0 实现的，检验结果见表 3 - 6。

表3-6　　　潜力、结构和规模三变量的格兰杰因果检验

Pairwise Granger Causality Tests			
Date：01/29/14 Time：11：40			
Sample：1992 2011			
Lags：2			
Null Hypothesis：	Obs	F - Statistic	Prob.
JIEGOU does not Granger Cause QIANLI	18	6. 85980	0. 0093
QIANLI does not Granger Cause JIEGOU		7. 83571	0. 0059
GUIMO does not Granger Cause QIANLI	18	2. 08781	0. 1636
QIANLI does not Granger Cause GUIMO		10. 4921	0. 0019
GUIMO does not Granger Cause JIEGOU	18	2. 97501	0. 0863
JIEGOU does not Granger Cause GUIMO		0. 40734	0. 0436

从格兰杰因果检验结果列表来看：潜力是结构的格兰杰原因，结构是规模的格兰杰原因；而规模不是潜力的格兰杰原因，规模也不是结构的格兰杰原因。[1]

三　一致性分析总结

从上面的相关性分析和格兰杰因果检验来看，旅游产业规模升级存在内在的一致性机理。也就是说，旅游产业规模升级机制得到了初步验证，是可以验证的假说。基于旅游产业升级潜力、结构和规模之间关系的实证研究，旅游产业规模升级的发展路径可以标注为图 3 –17。

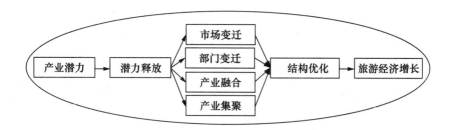

图 3 –17　旅游产业规模升级的发展路径

---

① 根据研究判断：潜力对规模的影响是间接性的；结构对潜力的影响也是间接性的。

第四章　旅游产业升级的
效率研究

　　旅游产业升级的效率研究是从"质"的方面对旅游产业升级进行定量的测算和系统的分析。具体来看，首先要对旅游产业升级效率进行界定，进而阐述旅游产业升级效率的测算思路与方法，然后从单要素（劳动）效率和全要素效率两个方面对旅游产业及其各行业的效率水平进行测算、比较和分析，并对其发展趋势和递进关系进行探讨，从而为全面把握旅游产业升级的效率研究奠定实证基础。

第一节　旅游产业升级的效率

一　旅游产业升级效率的界定

　　《新华词典》关于"效率"的解释是"单位时间内完成的工作量"。效率是一个经济学范畴，是指资源的有效使用与有效配置（Allocative Efficiency）。经济学对效率有着自身内在的固有追求。

　　旅游产业升级效率就是探讨旅游产业发展中投入的劳动、资本和技术要素的有效利用程度，即投入要素在旅游产业长期发展中的作用及位序变化，以全面评估旅游产业升级的要素效率。因此，旅游产业升级效率的研究核心是旅游产业要素效率作用及位序的变化。

　　旅游产业升级的效率研究目的是要测算劳动、资本和技术的贡献效率及长期趋势，对旅游产业的技术升级和产业服务本质及其规律性有科学的评估，为更好地确定技术升级和服务增值的价值判断奠定基础，为新时期更好地实现中国旅游产业面向战略性支柱产业和人民群众更加满意的现代服务业的升级服务。

二　旅游产业升级效率的测算思路与方法

旅游产业升级的效率研究主要是依托筱原三代平关于支柱产业选择的产业基准之一"生产率上升原则"，对旅游产业升级的"质"的方面进行衡量。通常，产业效率可以划分为产业的要素效率、技术效率、规模效率和管理效率等方面，其中，要素效率和技术效率是重点，管理效率可以纳入技术效率的范畴，而规模效率可以根据产业的具体情况进行预设判断及验证。根据旅游产业的服务特性即产业分散和规模效益不明显特征，旅游产业升级效率的测算就是要通过收集有关基础数据，通过一定指标测度和建立旅游产业效率模型进行统计分析和比较分析，主要是从单要素效率（劳动要素）分析和全要素生产率（TFP）两个方面展开，并对旅游产业及其各行业的效率分别进行测算和比较分析，来探究旅游产业效率和运营质量状态，以全面分析和评价旅游产业的效率升级。

由于旅游产业自身的演化及其边界的延展性和模糊性，同时考虑到数据的可获得性，旅游产业效率升级的测度主要是以历年《中国旅游统计年鉴》和《中国旅游统计年鉴（副本）》为基础数据来源，分别运用全员劳动生产率指标和索洛余值法进行单要素效率和全要素效率（技术效率）的分析，对旅游产业及其核心旅游行业分别进行测度，即从旅游产业、旅行社、星级酒店和旅游景区等方面进行旅游产业升级量的测度和相对比较分析，以反映旅游产业效率升级的一般趋势规律及其行业内在差异变化。

第二节　旅游产业升级的单要素效率分析

单要素效率是通过单一投入要素来衡量效率变化的方法，常见的有资本生产率和劳动生产率。资本生产率一般是工业或重工业单要素效率的衡量指标；而劳动生产率是劳动密集型产业最常用的单要素生产率核算指标。一般来说，劳动生产率的高低标志着社会生产水平的高低，标志着国民经济发展水平的高低，也标志着国民收入的高低和人民生活水平的高低。劳动生产率也为旅游产业的发展提供了物质条件和客观条件（王立纲、刘世杰，1980）。旅游产业投入的因素主要是劳动和资本等，并且劳动是旅游业的主要要素投入之一，特别是旅游产业发展到较高阶段时。因此，劳动生产率这一适用于劳动密集型产业的单要素生产率核算方法，理应成为现代衡量旅游产业发展和产业升级的重要指标。在我国，王立纲、刘世杰[①]（1980）较早地关注了单要素效率与旅游，对劳动生产率与旅游事业进行了早期的论述。但后期，很少有人对此做专门的研究。

旅游产业升级的单效率分析就是基于劳动生产率这一核心指标进行测算和相对性评价，具体就是通过对历年《中国旅游统计年鉴》、《中国旅游统计年鉴》（副本）、《中国汽车工业年鉴》、《中国通用机械工业年鉴》和《中国统计年鉴》中有关产业及行业的劳动生产率进行收集和整理来分析中国旅游产业及各行业与相关产业（行业）的劳动效率升级的趋势变化（见图4－1、图4－2、图4－3和附录14），以更好地确定中国旅游产业的劳动效率升级的进程和相对效率。

一　旅游产业

从图4－1来看，2000—2011年中国旅游产业的全员劳动生产率长期保持升级态势，且有快速上升的趋势，特别是在2004年以后呈现加速上升态势。从旅游产业的全员劳动生产率与国民经济工业内代表性行业的全员劳动生产率长期增速走势比较来看，旅游产业全员劳动生产率快于郑州电力机械厂和建筑业全员劳动生产率增速，与汽车工业全员劳动生产率增速相当，略低于工程机械行业全员劳动生产率增速。从旅游产业的全员劳动生产率与国民经济工业

---

① 王立纲、刘世杰：《劳动生产率与旅游事业》，《吉林财贸学院学报》1980年第3期。

内有关行业的全员劳动生产率绝对值比较来看：旅游产业全员劳动
生产率高于郑州电力机械厂和建筑业全员劳动生产率；2002 年以前
旅游产业全员劳动生产率高于汽车工业全员劳动生产率，2002 年以
后旅游产业全员劳动生产率略低于汽车工业全员劳动生产率但保持
同步增长态势；2006 年以前旅游产业全员劳动生产率高于工程机械
行业全员劳动生产率，2006 年以后旅游产业全员劳动生产率则低于
工程机械行业全员劳动生产率。从上述分析来看，旅游产业的全员
劳动生产率保持快速增长态势，与各时期国民经济代表性行业相比
也具有相当的优势，"旅游创造价值"的工业特征依然明显。

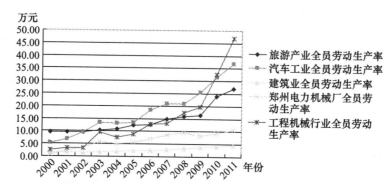

**图 4 - 1　旅游产业全员劳动生产率趋势及其与
相关行业的比较**

二　旅游产业内各行业

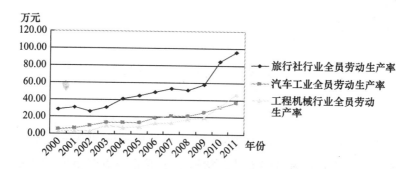

**图 4 - 2　旅行社行业全员劳动生产率及其与
相关行业比较**

从图 4 - 2 来看，2000—2011 年旅行社行业的全员劳动生产率长期保持升级态势，且有快速上升的趋势，虽然因受到 2003 年"非典"和 2008 年世界金融危机的影响，但都能在保持平稳快速增长中呈现加速上升态势。从旅行社行业的全员劳动生产率与国民经济工业内代表性行业的全员劳动生产率长期增速走势比较来看，旅行社行业全员劳动生产率增速快于汽车工业全员劳动生产率增速，与工程机械行业全员劳动生产率增速相当。从旅行社行业的全员劳动生产率与国民经济工业内有关行业的全员劳动生产率绝对值比较来看：旅行社行业的全员劳动生产率明显高于工程机械行业全员劳动生产率，也大大高于汽车工业全员劳动生产率。从上述分析来看，旅行社行业的全员劳动生产率稳步增长中保持高速增长态势，与各时期国民经济代表性行业相比也具有绝对性的优势，旅行社行业具有优于国民经济工业的显著特征，不愧为旅游产业的"龙头行业"。

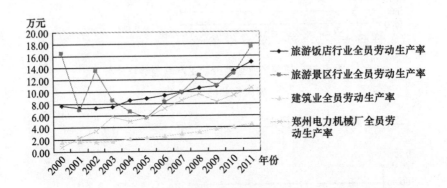

图 4 - 3 旅游饭店行业和旅游景区行业全员劳动生产率及其与相关行业比较

从图 4 - 3 来看，2000—2011 年旅游饭店行业的全员劳动生产率长期保持稳步快速升级态势；旅游景区行业全员劳动生产率波动性增长趋势明显，近年来呈现快速增长态势；旅游饭店行业和旅游景区行业的全员劳动生产率都不同程度受到 2003 年"非典"和

2008 年世界金融危机的影响，旅游景区行业更敏感。从旅游饭店行业和旅游景区行业的全员劳动生产率与国民经济工业内代表性行业的全员劳动生产率长期增速走势比较来看，旅游饭店行业和旅游景区行业的全员劳动生产率增速快于建筑业劳动生产率，与郑州电力机械厂全员劳动生产率相当。从旅游饭店行业和旅游景区行业的全员劳动生产率与国民经济工业内有关行业的全员劳动生产率绝对值比较来看，旅游饭店行业和旅游景区行业的全员劳动生产率明显高于建筑业劳动生产率，也大大高于郑州电力机械厂全员劳动生产率。从上述分析来看，旅游饭店行业和旅游景区行业的全员劳动生产率在保持波动增长中，呈现快速增长态势，与各时期国民经济代表性行业相比也具有绝对性的优势，旅游饭店行业和旅游景区行业具有优于国民经济工业的显著特征，不愧位列旅游产业的"三大支柱"之列。

从旅游产业及其各行业与第三产业代表性行业如软件企业的全员劳动生产率[1]（2008—2010 年）相比较来看，旅游产业全员劳动生产率与软件企业相当，旅行社行业全员劳动生产率大大高于软件企业，旅游饭店行业和旅游景区行业全员劳动生产率略低于软件企业；整体情况及结论与国民经济代表性工业分析结论保持基本一致。

旅游产业效率升级的单要素分析采用全员劳动生产率这一指标，抓住旅游产业的服务本质特性。单要素分析测算与比较分析的优点是简单、明了。可以得出如下结论：（1）旅游产业升级的单要素效率整体呈现上升态势，各行业间存在一定程度差异，但都保持快速增长态势；（2）旅游产业的单要素效率与工业经济代表性行业的单要素效率相比具有明显的优势，相对于第三产业代表性行业也具有明显优势；（3）旅游产业内各行业的单要素效率与国民经济工业的有关行业相当，也说明了旅游产业各行业具有"创造价值"的效率优势。

---

[1] 据《中国电子信息产业统计年鉴》显示：2008—2010 年软件企业全员劳动生产率（人/年）为 18 万元、19 万元和 20 万元。

而由于要素投入的联合生产特性和旅游产业具有紧跟现代科技及社会经济发展的特性，单一的劳动生产率不能全面展示旅游产业效率的来源和提升，因此需要全面考察旅游产业及其各行业的多种生产投入要素（劳动、资本和技术）的生产率及其贡献，更需要对生产技术的效率性进行深入研究，方能全面评估旅游产业的效率升级。因此，下文将进行旅游产业升级的全要素效率分析，并以此为基础进行旅游产业升级的交叉分析、相对综合评价和市场路径及政府作用研究。

第三节　旅游产业升级的全要素效率分析

旅游产业升级的全要素效率分析就是基于历年《中国旅游统计年鉴（副本）》的数据，基于 C—D 生产函数，运用索洛余值法，对旅游产业升级效率进行测算和分解，来分析中国旅游产业升级的全要素效率。旅游产业升级的全要素效率分析之所以选择索洛余值法，这是由中国迄今为止的旅游产业特征所决定的。首先，中国旅游产业迄今为止还处于发展的初期阶段，市场竞争比较充分，主要的投入要素是劳动和资本，这是符合两种投入要素得到充分利用和自由竞争的前提假设的。其次，中国旅游产业整体上是由很多分散而小的企业构成，尚未形成全国性的龙头大企业，而且产业集中度有稳步下降趋势[1]，规模收益不明显，这是符合规模收益不变的假设。最后，旅游产业属于服务业，旅游产业运营所使用的技术没有根本性的变化，从《中国旅游统计年鉴（副本）》中统计的旅游企业来看，中国旅游产业仍然处于比较传统的操作阶段，这是符合希克斯中性技术假设的。同时，考虑到索洛余值法使用广泛、操作简

---

① 参见阎友兵、洪梅、王忠《我国旅行社产业集中度演化及对策》，《旅游学刊》2008 年第 8 期；张佑印、顾静、黄河清：《中国区域旅游产业结构变化的空间差异分析》，《经济地理》2012 年第 4 期。

单和获得了广泛的认可，因此，旅游产业升级的全要素效率采用索洛余值法。

在具体操作中，结合《中国旅游统计年鉴（副本）》中的全国旅游企业主要经济指标及分项指标，对 C—D 生产函数中的投入要素资本 K 和劳动 L 采用的指标分别是固定资产原价（万元）和从业人员（人），对产出 Y 采取的指标是营业收入（万元）。在数据分析中，对于基于 C—D 生产函数的索洛余值法的系数的确定采取了计量经济学专门软件 Eviews 6.0 进行回归分析。但由于《中国旅游统计年鉴（副本）》中有关数据的历年统计口径有一定的差异，使得时间序列数据的平稳性交叉，即使差分后也难以通过 ADF 检验，因此最终放弃了使用计量经济学软件 Eviews 6.0 来确定 D—C 生产函数对有关系数的测定。在关于 C—D 生产函数对有关系数确定的进一步研究中发现，确定 C—D 生产函数中参数 α、β 的方法常见的有三种。[①]

第一种是回归分析法。它是最常用的方法之一，但在实际应用中存在两个问题：一是需要的数据量大。一般应用回归分析需要的数据点至少要在十几个以上，若以年为时间单位，这么多年的数据资料的收集、加工是很困难的，更为重要的是回归分析对数据本身精度要求很高，否则很可能存在着统计检验能否通过的问题。二是所确定的 α、β 缺乏动态性。回归分析是假定在所研究的时期内技术进步速度、资金产出弹性及劳动产出弹性均不变，这种假定不能符合实际。应当说这三个因素在一定时期内具有一定的稳定性，但不应是一个不变值，而应是一个呈稳定的趋势性变化的量。

第二种是经验估计法。该方法也存在两个问题：一是缺少定量依据；二是所确定的 α、β 是不变量，缺乏动态性。

第三种是差分计算法。该方法的主要思路是用差分代替 α、β 定义中的偏微分，即以式（4-2）代替式（4-1）。

$$\alpha = \frac{\partial Y}{\partial K} \cdot \frac{Y}{K}$$

① 王殿海、杨国民：《关于生产函数中弹性系数 α、β 确定方法的改进研究》，《技术经济》1991 年第 2 期。

$$\beta = \frac{\partial Y}{\partial L} \cdot \frac{Y}{L} \qquad\qquad (4-1)$$

$$\alpha = \frac{\Delta Y}{\Delta K} \cdot \frac{Y}{K}$$

$$\beta = \frac{\Delta Y}{\Delta L} \cdot \frac{Y}{L} \qquad\qquad (4-2)$$

式中，Y 表示产出；K 表示资金投入；L 表示劳动投入。

由于 ΔY 是一个全增量，这实质上是把两个因素带来的产出视为一个因素带来的，与定义明显不符，有人把差分求得的 α、β 进行了正则化处理，即令：

$$\alpha = \frac{\dfrac{\Delta Y}{\Delta K} \cdot \dfrac{K}{Y}}{\dfrac{\Delta Y}{\Delta K} \cdot \dfrac{K}{Y} + \dfrac{\Delta Y}{\Delta L} \cdot \dfrac{L}{Y}}$$

$$\beta = \frac{\dfrac{\Delta Y}{\Delta L} \cdot \dfrac{L}{Y}}{\dfrac{\Delta Y}{\Delta K} \cdot \dfrac{K}{Y} + \dfrac{\Delta Y}{\Delta L} \cdot \dfrac{L}{Y}} \qquad\qquad (4-3)$$

这样，既保证了 $\alpha + \beta = l$，又从经济意义上弥补了直接利用差分计算的缺陷。但由于各年的 ΔY、ΔK、ΔL 的不规则变化，使得各年的 α、β 产生较大的波动性，有时还会出现负值。

现采用第四种方法，即由王殿海、杨国民（1991）[①] 提出的确定生产函数中 α、β 的改进方法。假定：在一个比较稳定的经济时期内，产出 Y、资金投入 K 及劳动投入 L 都随时间 t 呈规律性变化，即可以认为存在如下函数：

$$Y = Y(t)$$

$$K = K(t)$$

$$L = L(t) \qquad\qquad (4-4)$$

Y、K、L 的各时间序列统计值一般是离散的，但只要这些离散点呈现趋势性的变化，就能把它们模拟成一个连续的时间函数，并

① 王殿海、杨国民：《关于生产函数中弹性系数 α、β 确定方法的改进研究》，《技术经济》1991 年第 2 期。

且实际研究中这样的函数一般都是可微的（如果个别点不可微，可对函数进行分段处理）。

在上述假定条件下，我们对式（4-3）进行变换，将等式右端的各项分子分母同时乘以 $\dfrac{Y \cdot \Delta t}{\Delta Y}$ 并取极限，则有：

$$\alpha = \lim_{\Delta t \to 0} \frac{\dfrac{\dfrac{K}{\Delta K}}{\Delta t}}{\dfrac{K}{\dfrac{\Delta K}{\Delta t}} + \dfrac{L}{\dfrac{\Delta L}{\Delta t}}} = \frac{L'K}{L'K + K'L}$$

$$\beta = \lim_{\Delta t \to 0} \frac{\dfrac{\dfrac{L}{\Delta L}}{\Delta t}}{\dfrac{K}{\dfrac{\Delta K}{\Delta t}} + \dfrac{L}{\dfrac{\Delta L}{\Delta t}}} = \frac{K'L}{L'K + K'L} \qquad (4-5)$$

即得到：$\alpha = \dfrac{L'K}{L'K + K'L}$

$$\beta = \frac{K'L}{L'K + K'L} \qquad (4-6)$$

式（4-6）就是改进后的确定 α、β 新方法，应用该方法确定的 α、β 具有如下优点：第一，具有动态性。在式（4-6）中，K、L、K' 和 L' 都是时间 t 的函数，因此，α、β 也是时间 t 的函数，具有动态性。这样可以根据 t 的取值不同来计算 α、β 的当前值或未来值。第二，具有稳定性。由于式（4-6）使用的 L、K 是趋势函数，而不是具体的经济变量，这样就既尊重了原变量变化的规律性又排除了由于投入要素的波动性而带来对 α、β 的影响。第三，与产出无关。式（4-6）的推导是从与产出相关入手的，但其结果与产出无关，这就可以避开求 α、β 时由于产出价格变动或实物量纲难以统一带来的困难。这一结论也说明 α、β 仅仅是一定时期资金投入与劳动投入的匹配关系的反应，它们对产出的作用如何还要取决于技术进步水平（或速度）。第四，该方法对使用的统计数据量没有严格要求。通常情况下，$K(t)$、$L(t)$ 的确定也需要一定量的统计数据，但由于不存在统计检验问题，对数据量没有严格要求，只要能够反映变量的变化趋势就可以了。

但该方法也要满足两个条件：一是 K、L 必须随时间 t 呈趋势性的变化，只有这样才能保证趋势函数的存在；二是所研究的时间范围必须是一个稳定的经济时期，因为只有在一个稳定的经济时期内才可能保证各经济变量有一个稳定的变化趋势，才可能保证 $K(t)$、$L(t)$ 综合反映各种相关因素的影响，因此，此方法适用于 α、β 的历史、现状和中短期预测分析。

其主要步骤是：

第一步：对资金投入 K、劳动投入 L 分别进行模拟分析，求得 $K = K(t)$ 和 $L = L(t)$。

第二步：对 $K = K(t)$、$L = L(t)$ 分别求导，求得 K' 和 L'。

第三步：将所得 $K(t)$、$L(t)$、K' 和 L' 代入式（4-6）求出 α、β。

为了全面了解中国旅游产业升级的全要素效率，这里收集整理了 1991 年到 2011 年 21 年间的数据，分别从旅游产业效率、旅游饭店行业效率、旅行社行业效率、旅游景区行业效率、旅游饭店和旅行社行业效率五个方面分别进行了测算[①]和分析，见附录 15 至附录 19。其中，技术进步（$\frac{ab}{A}$，简称 A 值）是根据 C—D 生产函数〔式（4-7）〕求导后推导出的式（4-8）计算而得：

$$Y = AK^{\alpha}L^{\beta} \tag{4-7}$$

$$\frac{dA}{A} = \frac{dY}{Y} - \alpha\frac{dK}{K} - \beta\frac{dL}{L} \tag{4-8}$$

从旅游产业效率分析的实际数据统计和分析来看，该方法简单、易行，克服了资料获取和收集时统计口径不一的困难，所输出的结

---

① 王殿海、杨国民提出关于生产函数系数的测算方法，核心是劳动和资本两种要素之间的替代问题，因此，劳动和资本效率的测算不受物价因素的影响。而对于营业收入而言，由于各行业营业收入的高速增长，使得物价因素对最终的技术效率测算的结果影响很小，不影响最终结论。因此，具体计算中没有考虑物价因素的影响。

果比较理想，能够满足研究的需要。虽然该方法假定规模经济报酬不变（$\alpha+\beta=1$），但本书前面有关旅游产业规模升级的研究和采用上述计算方法所得到的旅游产业效率的交叉分析，在分析的结论上可以弥补上述计算方法中关于规模经济报酬不变假设的不足，即可以得出旅游产业升级处于规模升级主导的阶段。

一 旅游产业

通过对旅游产业资本投入 K 和劳动投入 L 的时间趋势的拟合①，结合式（4-6）和式（4-8）对其产业效率进行分解（见图4-4和图4-5）。在旅游产业效率分解表（见附录15）中：YYR 表示产出增长率；LLR 表示旅游产业劳动增长率；KKR 表示旅游产业资本增长率；A 表示技术进步旅游产业全要素生产率，代表旅游产业产出增长率中技术引致部分；资本引致表示旅游产业产出增长率中资本引致部分；劳动引致表示旅游产业产出增长率中劳动引致部分；经济增长 A 贡献是指旅游产业产出增长中技术贡献的百分比；经济增长 K 贡献是指旅游产业产出增长中资本贡献的百分比；经济增长 L 贡献是指旅游产业产出增长中劳动贡献的百分比。

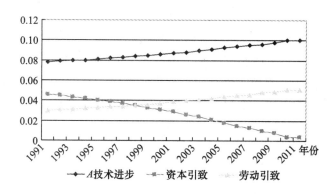

图4-4 旅游产业的要素效率分析

---

① $K(t)=-0.0295t^3+0.8663t^2-3.9813t+10.892\ R^2=0.8597$
$L(t)=-0.1038t^3+2.6175t^2-3.2322t+7.3187\ R^2=0.9588$
上述两拟合曲线线性、可微、拟合度高，满足研究要求。

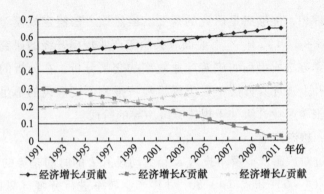

图 4 – 5　旅游产业的要素贡献分析

从旅游产业的要素效率曲线和要素贡献曲线来看，存在明显的趋势性特征：资本效率和资本贡献长期存在下降趋势，技术效率和技术贡献长期处于上升态势，同时劳动效率和劳动贡献处于上升态势。而且，这种稳定的态势基本没有受到外部经济冲击的影响。其中，在1999年，劳动效率和劳动贡献超过了资本效率及资本贡献。因此，以1999年为节点，可以将中国旅游产业升级划分为两个阶段：1991—1999年，技术效率和技术贡献最高，资本效率和资本贡献居中，劳动效率和劳动贡献最低；1999—2011年，技术效率和技术贡献最高，劳动效率和劳动贡献居中，资本效率和资本贡献最低。可以看出，中国旅游产业一直是处于技术效率和技术贡献升级态势中，而且劳动效率和劳动贡献也是处于上升态势中并超过了资本效率及资本贡献。因此可以说，中国旅游产业处于技术效率和劳动效率升级中，而资本效率在下降。

二　旅游产业内各行业

1. 旅游饭店行业

通过对旅游饭店行业资本投入 K 和劳动投入 L 的时间趋势的拟合①，结合式（4 – 6）和式（4 – 8）对其产业效率进行分解（见图 4 – 6

---

① $K(t) = -0.0027t^3 + 0.0418t^2 + 1.6144t + 1.5914 \quad R^2 = 0.9462$

$L(t) = -0.161t^2 + 9.2644t + 4.3428 \quad R^2 = 0.9489$

上述两拟合曲线线性、可微、拟合度高，满足研究要求。

和图4-7）。在旅游饭店行业效率分解表（见附录16）中：*YYR*表示旅游饭店行业产出增长率；*LLR*表示旅游饭店行业的劳动增长率；*KKR*表示旅游饭店行业资本增长率；*A*技术进步表示旅游饭店行业全要素生产率，代表旅游饭店行业产出增长率中技术引致部分；资本引致表示旅游饭店行业产出增长率中资本引致部分；劳动引致①表示旅游饭店行业产出增长率中劳动引致部分；经济增长*A*贡献是指旅游饭店行业产出增长中技术贡献的百分比；经济增长*K*贡献是指旅游饭店行业产出增长中资本贡献的百分比；经济增长*L*贡献是指旅游饭店行业产出增长中劳动贡献的百分比。

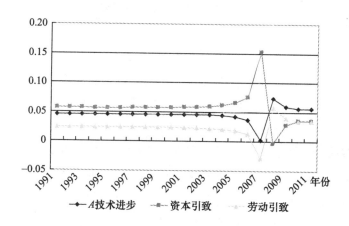

图4-6　旅游饭店行业的要素效率分析

从旅游饭店行业的要素效率曲线和要素贡献曲线来看，可以划分为两个阶段：1991—2008年，资本引致效率是最高的，其次是技术引致效率，最后是劳动引致效率。也就是说，此时的旅游饭店行业是资本主导的时期，技术引致效率居中，而劳动引致效率是最低的；同时期，旅游饭店行业的经济增长主要是由资本贡献的，其次是技术贡献，最后才是劳动贡献，且呈现趋势性稳定态势。2009—

---

　　①　在图4-5和图4-6中，劳动引致（贡献）和资本引致（贡献）出现负值主要是由于受到2008年世界金融危机冲击而引起旅游饭店收入下降所致。

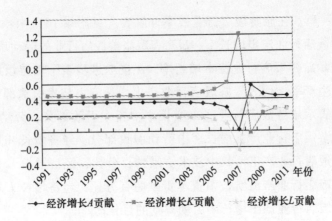

图 4 – 7　旅游饭店行业的要素贡献分析

2011 年，很可能是由于世界金融危机的影响，使得旅游饭店行业的要素效率和要素贡献发生了逆转。也就是说，技术引致效率是最高的，劳动引致效率一度超过了资本引致效率，后期劳动引致效率与资本效率持平；同时期，旅游饭店行业的经济增长也转变为主要由技术贡献的，其次是劳动贡献和资本贡献。因此，通过上面的分析可以发现，2008 年成为旅游饭店行业效率转型和要素贡献逆转的时间节点，即中国旅游饭店行业从依靠资本引致效率和资本贡献为主的时期升级为依靠技术引致效率和技术贡献为主的时期，同时劳动引致效率和劳动贡献率得到大幅提升与资本引致效率和资本贡献率相当。从这个意义上来说，中国旅游饭店业实现了效率升级。

2. 旅行社行业

通过对旅行社行业资本投入 K 和劳动投入 L 的时间趋势的拟合①，结合式（4 - 6）和式（4 - 8）对其产业效率进行分解（见图 4 - 8 和图 4 - 9）。在旅行社行业效率分解表（见附录 17）中：YYR 表示旅行社行业产出增长率；LLR 表示旅行社行业的劳动增长率；

①　$K(t) = -0.0074t^3 + 0.3044t^2 - 0.553t + 0.6248 R^2 = 0.8927$

$L(t) = -0.0123t^3 + 0.4029t^2 - 2.1115t + 9.4403 R^2 = 0.9489$

上述两拟合曲线线性、可微、拟合度高，满足研究要求。

KKR 表示旅行社行业资本增长率；A 技术进步表示旅行社行业全要素生产率，代表旅行社行业产出增长率中技术引致部分；资本引致表示旅行社行业产出增长率中资本引致部分；劳动引致表示旅行社行业产出增长率中劳动引致部分；经济增长 A 贡献是指旅行社行业产出增长中技术贡献的百分比；经济增长 K 贡献是指旅行社行业产出增长中资本贡献的百分比；经济增长 L 贡献是指旅行社行业产出增长中劳动贡献的百分比。

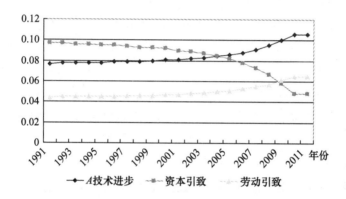

图 4 - 8　旅行社行业的要素效率分析

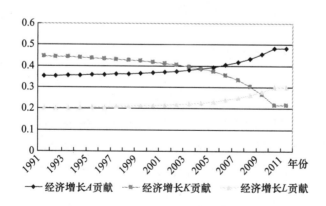

图 4 - 9　旅行社行业的要素贡献分析

从旅行社行业的要素效率曲线和要素贡献曲线来看，可以划分为两个阶段：1991—2004 年，资本引致效率是最高的，其次是技术引致效率，最后是劳动引致效率。也就是说，此时的旅行社行业是资本主导的时期，技术引致效率居中，而劳动引致效率是最低的，且存在资本引致效率下降、技术引致效率和劳动引致上升的明显趋势；同时期，旅行社行业的经济增长主要是由资本贡献的，其次是技术贡献，最后才是劳动贡献，也存在类似下降和上升的趋势。到了2005年，技术引致效率赶上了资本引致效率。于是，中国旅行社行业进入了第二个阶段，即2005—2011年，此时的旅行社行业的要素效率和要素贡献发生了逆转。也就是说技术引致效率超过了资本引致效率，到了2009年，劳动引致效率也超过了资本引致效率，资本引致效率则是三个要素效率中最低的；同时期，旅行社行业的经济增长也转变为主要由技术贡献的，其次是劳动贡献和资本贡献。因此，通过上面的分析可以发现，2005年成为旅行社行业技术引致效率和资本引致效率的转型点，也是技术贡献与资本贡献逆转的时间节点，即中国旅行社业从依靠资本引致效率和资本贡献为主的时期升级为依靠技术引致效率和技术贡献为主的时期；而到了2009年，劳动引致效率超过资本引致效率，同时劳动贡献也超过了资本贡献。从这个意义上来说，中国旅行社行业完成了由资本效率向技术效率和由资本效率向劳动效率的升级。

3. 旅游景区行业

通过对旅游景区行业资本投入 K 和劳动投入 L 的时间趋势的拟合①，结合式（4-6）和式（4-8）对其产业效率进行分解（见图4-10和图4-11）。在旅游景区行业效率分解表（见附录18）中：YYR 表示旅游景区行业产出增长率；LLR 表示旅游景区行业的劳动增长率；KKR 表示旅游景区行业资本增长率；A 技术进步表示旅游景区行业全要素生产率，代表旅游景区行业产出增长率中技术引致

---

① $K(t) = -0.1128t^2 + 2.604t + 21.986 R^2 = 0.8386$

$L(t) = -0.0015t^3 + 0.0192t^2 + 0.0328t + 1.2122 R^2 = 0.9278$

上述两拟合曲线线性、可微、拟合度高，满足研究要求。

部分；资本引致①表示旅游景区行业产出增长率中资本引致部分；劳动引致表示旅游景区行业产出增长率中劳动引致部分；经济增长 A 贡献是指旅游景区行业产出增长中技术贡献的百分比；经济增长 K 贡献是指旅游景区行业产出增长中资本贡献的百分比；经济增长 L 贡献是指旅游景区行业产出增长中劳动贡献的百分比。

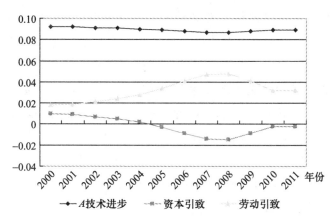

图 4-10 旅游景区行业的要素效率分析

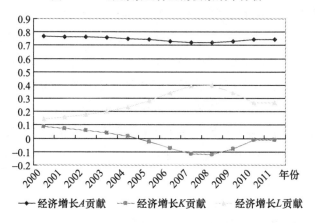

图 4-11 旅游景区行业的要素贡献分析

---

① 在图 4-8 和图 4-9 中，资本引致（贡献）从趋势上来看，在 2005 年就进入了负值状态。这是由于旅游景区行业的大量投资并没有带来更多的旅游收入所致，即旅游景区是低效率运作的。而到 2008 年则达到了最低点。这可以看作是大的经济周期繁荣增长的背后就是投资的低效率的体现。

　　从旅游景区行业的要素效率曲线和要素贡献曲线来看，要素效率和要素贡献之间保持相对稳定态势，技术效率和技术贡献是最高的，其次是劳动效率和劳动贡献，最低的是资本效率和资本贡献，这也许与《中国旅游统计年鉴（副本）》中统计的旅游景区多数为政府投资的已经建成的公共属性的景区有关。同时，可以看出，要素效率和要素贡献曲线是有波动的，也就是在 2008 年金融危机前后，要素效率和要素贡献曲线（技术和资本）经历了前期的缓慢性下降和后期的缓慢性上升的过程，而后则恢复正常；此时的劳动的要素效率和劳动要素贡献则经历了前期的缓慢上升和缓慢下降过程，而后则恢复正常，这也许与政府应对全球金融危机的政策有关。总体上来看，旅游景区业长期存在资本效率和资本贡献下降、劳动效率和劳动贡献上升、技术效率和技术贡献稳定的态势。从一定意义上来说，中国旅游景区行业正经历着缓慢的升级过程。

　　4. 旅游饭店和旅行社行业

　　通过对旅游饭店和旅行社行业资本投入 K 和劳动投入 L 的时间趋势的拟合[1]，结合式（4-6）和式（4-8）对其产业效率进行分解（见图 4-12 和图 4-13）。在旅游饭店和旅行社行业效率分解表（见附录 19）中：YYR 表示旅游饭店和旅行社行业产出增长率；LLR 表示旅游饭店和旅行社行业的劳动增长率；KKR 表示旅游饭店和旅行社行业资本增长率；A 技术进步表示旅游饭店和旅行社行业全要素生产率，代表旅游饭店和旅行社行业产出增长率中技术引致部分；资本引致表示旅游饭店和旅行社行业产出增长率中资本引致部分；劳动引致[2]表示旅游饭

---

　　[1]　$K(t) = -0.0079t^3 + 0.192t^2 + 0.7239t + 3.0001 \quad R^2 = 0.8386$

　　　　$L(t) = -0.163t^2 + 10.8t + 45.413 \quad R^2 = 0.9588$

　　上述两拟合曲线线性、可微、拟合度高，满足研究要求。

　　[2]　在图 4-11 和图 4-12 中，劳动引致（贡献）从趋势上来看，自 2000 年以来一直处于下降的阶段，在 2007 年接近负值，而在 2008 年世界金融危机的冲击下则急速下降。从长期来看，这是由于旅游企业（旅游饭店和旅行社行业）大量劳动投入并没有带来更多效率提升式的旅游收入增加，即旅游企业（旅游饭店和旅行社行业）是低效率运作的。而到 2008 年则达到了最低点。这可以看作是大的经济周期繁荣增长的背后就是劳动的低效率的体现。

店和旅行社行业产出增长率中劳动引致部分；经济增长 A 贡献是指旅游饭店和旅行社行业产出增长中技术贡献的百分比；经济增长 K 贡献是指旅游饭店和旅行社行业产出增长中资本贡献的百分比；经济增长 L 贡献是指旅游饭店和旅行社行业产出增长中劳动贡献的百分比。

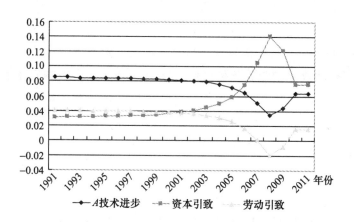

图4-12 旅游饭店和旅行社行业的要素效率分析

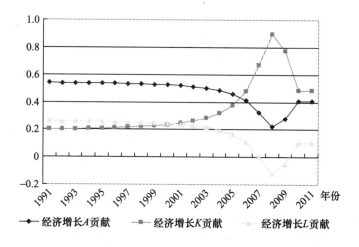

图4-13 旅游饭店和旅行社行业的要素贡献分析

从旅游饭店和旅行社行业的要素效率曲线和要素贡献曲线来看，可以划分为三个阶段：1991—2001 年，技术引致效率是最高的，其次是劳动引致效率，最后是资本引致效率。也就是说，此时的旅游饭店和旅行社行业是技术主导的时期，劳动引致效率居中，而资本引致效率是最低的；同时期，旅游饭店和旅行社行业的经济增长主要是由技术贡献的，其次是劳动贡献，最后是资本贡献。在 2001 年，资本效率超过劳动效率，同时资本贡献超过了劳动贡献。2001—2006 年，技术效率和技术贡献最高，资本效率和资本贡献居中，而劳动效率和劳动贡献最低。2006—2007 年，资本效率和资本贡献超过了技术效率和技术贡献，中国旅游饭店和旅行社行业进入了第三阶段，此时资本效率和资本贡献最高，技术效率和技术贡献居中，而劳动效率和劳动贡献最低。其中，受 2008 年世界金融危机的影响，旅游饭店和旅行社行业的要素效率和要素贡献有大幅波动，而后趋于平稳。从旅游饭店和旅行社行业的要素效率曲线和要素贡献曲线的长期趋势来看，资本效率和资本贡献有上升趋势，而技术要素和劳动要素的效率及贡献有下降趋势。从这个意义上来说，中国旅游饭店和旅行社行业的升级存在阻碍。

第四节　旅游产业效率升级的分析与总结

旅游产业效率升级的分析与总结主要是依据旅游产业效率升级的内在动因、产业升级的要素效率和要素贡献的递进性进行趋势性的探究，并对旅游产业各行业的要素效率和要素贡献的趋势性进行总结。

一　效率与贡献的递进性分析

递进性①是经济增长方式转变的一种常见形式。旅游产业升级

---

① 代永华：《我国经济增长方式转化具有层次递进性》，《经济研究参考》1997 年第 85 期。

的效率与贡献的递进性分析主要是通过对投入要素的效率在旅游产业及各行业内的转换趋势的研究、要素贡献在旅游产业及各行业内的转换趋势的研究和旅游产业及其各行业要素效率与要素贡献的一致性研究来综合分析完成的。

1. 要素效率的递进性

旅游产业要素效率的递进性评价主要是通过对旅游产业及其各行业的投入要素的效率长期的增减、转化及其变化趋势的分析进行判断。

通过本章关于"旅游产业升级效率分析"中的要素效率分析可以看出，劳动、资本和技术的要素效率在长期有着明显的增减变化，三要素效率的大小存在此消彼长的转化，同时这种变化形成了一种稳定的趋势，且具有一定程度的趋同性。旅游产业要素效率的递进性整体表现为技术效率占主导，劳动效率不断提升，同时资本效率下降成为第三要素。因此，旅游产业要素效率的递进性具有长期的显著性、趋势性、稳定性和趋同性的特点。

2. 要素贡献的递进性

旅游产业要素贡献的递进性评价主要是通过对旅游产业及其各行业的投入要素的贡献长期的增减、转化及其变化趋势的分析进行判断。

通过本章关于"旅游产业升级效率分析"中的要素贡献分析可以看出，劳动、资本和技术的要素贡献在长期有着明显的增减变化，三要素效率的大小存在此消彼长的转化，同时这种变化形成了一种稳定的趋势，且具有一定程度的趋同性。旅游产业要素贡献的递进性整体表现为技术贡献占主导，劳动贡献不断提升，同时资本贡献下降成为第三要素。因此，旅游产业要素贡献的递进性也具有长期的显著性、趋势性、稳定性和趋同性的特点。

二　旅游产业效率升级的总结

从旅游产业及其各行业的单要素效率来看，旅游产业效率升级具有比较优势，旅游产业具有可与工业代表性行业相当的劳动效率水平。从有关旅游产业及其行业升级的要素效率曲线和要素贡献曲线分析来看：旅游产业整体升级上升态势稳定，处于技术和劳动的效率及贡献上升中，技术升级处于主导，而资本效率和资本贡献处于下降中。而就不同行业而言，其升级态势又各有特点：（1）旅游饭店行业升级态势平稳，处于技术和劳动的效率及贡献缓慢上升中，劳动效率及贡献慢慢与资本效率及资本贡献持平，技术升级近年来开始处于主导阶段；（2）旅行社行业升级态势上升明显，技术和劳动的效率及贡献稳步升级中呈现加速上升态势，资本效率和资本贡献呈现快速下降态势，处于技术主导阶段；（3）旅游景区行业升级态势平稳，劳动效率和劳动贡献处于缓慢上升态势，资本效率和资本贡献处于缓慢下降态势，而技术效率和技术贡献处于水平稳定态势，处于技术主导阶段；（4）旅游饭店和旅行社行业升级呈现波动态势，资本效率和资本贡献呈现波动中上升态势，技术和劳动效率及贡献处于同步下降态势，处于资本主导阶段。

第五章　旅游产业升级的综合评价、市场路径和政府作用

旅游产业升级的综合评价主要是基于前述有关旅游产业升级的规模与效率研究，依据旅游产业升级的规模和效率的关系及与国民经济和第三产业相比其升级的相对有效性来进行评价，以确立旅游产业升级的特征与优势。基于上述研究，探讨旅游产业规模与效率升级的市场路径（无形的手）和政府作用（有形的手），更好地服务于旅游产业向战略性支柱产业升级。

第一节　旅游产业升级的综合评价

一　规模与效率的交叉评价

旅游产业升级的规模与效率的交叉评价是分别对旅游产业、旅游饭店行业、旅行社行业、旅游景区行业和旅游饭店与旅行社行业的规模与效率进行交叉分析，以研究其各自的规模与效率升级进程的关系和快慢程度。具体操作中，规模分别选取各自的规模增长指数，并与各自的技术进步、资本引致和劳动引致做"同起步"的标准化处理。

1. 中国旅游产业升级的规模与效率交叉分析

从中国旅游产业的规模与技术进步、规模与资本引致和规模与劳动引致的交叉分析来看，规模升级高于技术进步，技术进步高于资本引致，技术进步高于劳动引致，劳动引致后期高于资本引致，见图5-1、图5-2、图5-3和附录20。

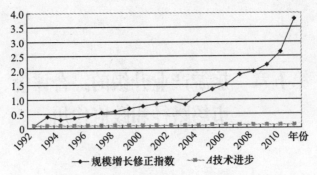

图 5 - 1　旅游产业规模与技术进步（效率）的比较分析①

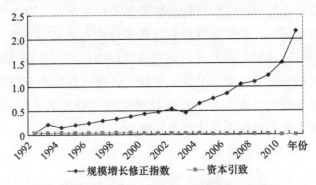

图 5 - 2　旅游产业规模与资本效率的比较分析

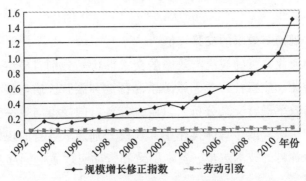

图 5 - 3　旅游产业规模与劳动效率的比较分析

---

　　① 特别说明：由于劳动规模增长远远快于技术进步，也远远快于资本引致和劳动引致。因此，在规模与效率交叉分析图中，使得技术进步、资本引致和劳动效率曲线呈现"一条平行直线"。对规模与效率的交叉分析和深入了解，还需要在观察交叉分析图的同时，对附录 20 至附录 24 的有关数据进行阅读。

从趋势性特征来看，中国旅游产业规模升级保持快速上升趋势，而技术进步保持稳中上升趋势，资本引致持续下降，劳动引致保持稳步上升态势。因此，中国旅行社业升级目前仍然处在以规模升级为主导的阶段。这也印证了吴玉鸣（2013）的关于中国旅游产业和各省域旅游产业的要素（劳动和资本）投入处于规模报酬递增阶段的研究结论。①

中国旅游产业规模升级保持快速上升趋势的原因是国民经济增长带动旅游消费需求潜力不断释放；技术进步保持稳中上升趋势的原因是社会、经济、政治和科技为旅游产业提供了升级条件；资本引致持续下降是因为资本稀缺性在下降；劳动引致保持稳步上升态势是因为劳动资本、稀缺性和劳动生产率在上升。

2. 旅游饭店行业升级的规模与效率交叉分析

从旅游饭店行业的规模与技术进步、规模与资本引致和规模与劳动引致的交叉分析来看，规模升级高于资本引致，资本引致高于技术进步（近两年技术进步高于资本引致），技术进步高于劳动引致，见图 5-4、图 5-5、图 5-6 和附录 21。

从趋势性关系特征来看，旅游饭店业规模升级保持快速上升趋势；资本引致持续下降；技术进步保持稳中上升态势（近两年有快速上升波动趋势）；劳动引致也是保持稳中上升趋势（近两年有快速上升波动趋势）。总之，中国旅游饭店产业升级目前仍然处在以规模升级为主导的阶段。

旅游饭店业规模升级保持快速上升趋势，这是由于国民经济增长带动旅游消费需求潜力不断释放所致；资本引致持续下降，这是由于资本的稀缺性和边际生产率在下降；技术进步保持稳中上升态势（近两年有波动快速上升趋势），这是中国旅游饭店业建立之初是以引进为主，技术起点低，近两年进入自主创业时期；劳动引致也是保持稳中上升趋势（近两年有波动快速上升趋势），这是与中

---

① 吴玉鸣：《中国省域旅游业弹性系数的空间异质性估计》，《旅游学刊》2013 年第 2 期。

国旅游饭店业建立之初以引进为主，劳动力资本开发不足和劳动效率受到约束有关。

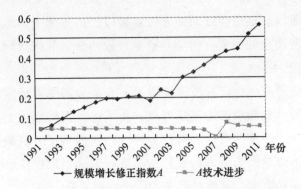

图 5 - 4　旅游饭店行业规模与技术效率的交叉分析①

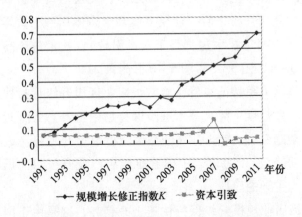

图 5 - 5　旅游饭店行业规模与资本效率的交叉分析②

---

① 特别说明：由于劳动规模增长远远快于技术进步，也远远快于资本引致和劳动引致。因此，在规模与效率交叉分析图中，使得技术进步、资本引致和劳动效率曲线呈现"一条平行直线"。对规模与效率的交叉分析和深入了解，还需要在观察交叉分析图的同时，对附录 20 至附录 24 的有关数据进行阅读。

② 同上。

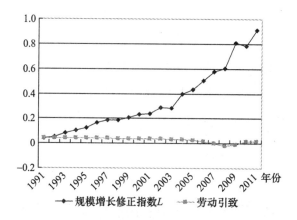

图 5 - 6　旅游饭店行业规模与劳动效率的交叉分析

同时也应看到，2008 年的全球金融危机对旅游饭店行业带来了挑战，但更带来了机遇，这使得旅游饭店行业实现了技术进步和劳动引致双双波动快速上升，也使得资本引致下降的趋势进一步加速。因此，从某种意义上来说，2008 年的金融危机使得旅游饭店行业效率升级得以加速，甚至促进了旅游饭店行业的效率升级。

3. 旅行社行业升级的规模与效率交叉分析

从旅行社行业的规模与技术进步、规模与资本引致和规模与劳动引致的交叉分析来看，规模升级高于资本引致，资本引致高于技术进步（2004 年以后技术进步高于资本引致，也高于劳动引致），技术进步高于劳动引致，见图 5 - 7、图 5 - 8、图 5 - 9 和附录 22。

从趋势性关系特征来看，旅行社行业规模升级保持快速上升趋势；技术进步稳中有加速上升态势；资本引致有快速下降趋势，且目前已成为效率中最低的要素；劳动引致保持稳中持续上升态势。因此，旅行社行业目前仍然处在以规模升级为主导的阶段，但技术升级快速上升。

旅行社行业规模升级保持快速上升趋势，这是因为国民经济增长带动旅游消费需求潜力不断释放所致；技术进步稳中有加速上升态势，这是因为社会、经济、政治和科技为旅游产业提供了升级条件；资本引致有快速下降趋势，且目前已成为效率中最低的要素，这是因为旅行社行业资本的重要性和稀缺性在持续下降；劳动引致保持稳中有持续上升态势，这是因为充分竞争状态下旅行社行业的劳动力素质、劳动力资本开发和劳动生产率持续上升，特别是旅行社行业存在大量的兼职导游和典型的季节性用工所致，客观来讲，他们有着很高的劳动效率。

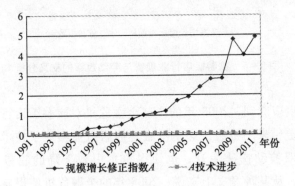

图 5 - 7　旅行社行业规模与技术效率的交叉分析①

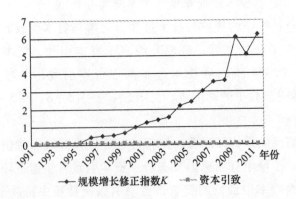

图 5 - 8　旅行社行业规模与资本效率的交叉分析

①　特别说明：由于劳动规模增长远远快于技术进步，也远远快于资本引致和劳动引致。因此，在规模与效率交叉分析图中，使得技术进步、资本引致和劳动效率曲线呈现"一条平行直线"。对规模与效率的交叉分析和深入了解，还需要在观察交叉分析图的同时，对附录 20 至附录 24 的有关数据进行阅读。

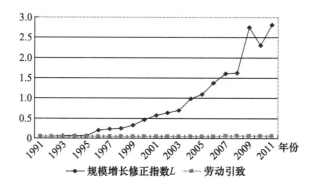

图 5 – 9　旅行社行业规模与劳动效率的交叉分析①

4. 旅游景区行业升级的规模与效率交叉分析

从旅游景区行业的规模与技术进步、规模与资本引致和规模与劳动引致的交叉分析来看：规模升级高于技术进步，技术进步高于劳动引致，劳动引致高于资本引致，见图 5 – 10、图 5 – 11、图5 – 12和附录 23。

从趋势性关系特征来看，旅游景区行业的规模升级保持快速上升趋势，其原因是国民经济增长带动旅游消费需求潜力不断释放所致；技术进步稳定中有下降趋势，其原因是旅游景区行业是一次技术更新长期运营的行业；资本引致很低，且呈现下降趋势，甚至从2005 年开始已经是负值，其原因是旅游景区行业天然地对资本的需求强度低，资本的稀缺性和效率在下降，甚至存在过度投资（已经开发和运营的现有成熟景区）的问题；劳动引致虽低，但保持稳步持续上升态势，其原因是劳动力素质在提高。因此，旅游景区行业目前仍然处在以规模升级为主导的阶段，而劳动引致则慢慢上升。

---

① 特别说明：由于劳动规模增长远远快于技术进步，也远远快于资本引致和劳动引致。因此，在规模与效率交叉分析图中，使得技术进步、资本引致和劳动效率曲线呈现"一条平行直线"。对规模与效率的交叉分析和深入了解，还需要在观察交叉分析图的同时，对附录 20 至附录 24 的有关数据进行阅读。

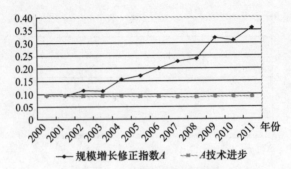

图 5 – 10　旅游景区行业规模与技术效率的交叉分析

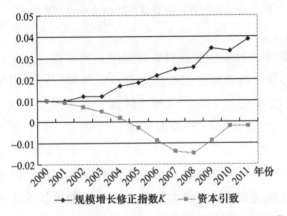

图 5 – 11　旅游景区行业规模与资本效率的交叉分析①

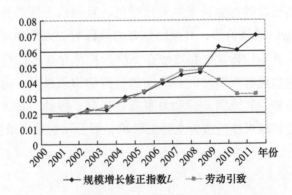

图 5 – 12　旅游景区行业规模与劳动效率的交叉分析

① 资本效率出现负值的原因包括资本稀缺性下降、对现有已开发的成熟景区的过度投资和新开发景区数量不足导致的过度竞争等。

5. 旅游饭店与旅行社行业升级的规模与效率交叉分析

从旅游饭店与旅行社行业①的规模与技术进步、规模与资本引致和规模与劳动引致的交叉分析来看，规模升级高于技术进步，技术进步高于资本引致（2010 年以后资本引致高于技术进步），也快于劳动引致；2000 年以前，劳动引致高于资本引致，而 2000 年以后，资本引致高于劳动引致，见图 5 - 13、图 5 - 14、图 5 - 15 和附录 24。

从趋势性特征来看，旅游饭店与旅行社业规模升级保持快速上升趋势，技术进步稳中有降，资本引致波动中有快速上升趋势，劳动引致稳中有快速下降态势。因此，中国旅游饭店与旅行社行业升级目前仍然处在以规模升级为主导的阶段，资本引致有快速上升趋势。

旅游饭店与旅行社行业规模升级保持快速上升趋势，其原因是国民经济增长带动旅游消费需求潜力不断释放所致；技术进步稳中有降，其整体原因是旅游饭店行业技术更新缓慢和旅行社行业缺乏技术更新的资本及创新外部收益难以内部化；资本引致波动中有快速上升趋势，其原因是旅游饭店和旅行社行业整体上需要更多投资；劳动引致稳中有快速下降态势，其原因是旅游饭店和旅行社行业整体上劳动力素质和劳动力资本开发不足。

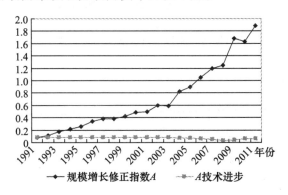

图 5 - 13　旅游饭店与旅行社行业规模与技术效率的交叉分析

---

①　旅游饭店与旅行社是旅游产业中典型的真正意义上的旅游企业，具有旅游产业的典型特征，有时也被称为狭义的旅游产业。

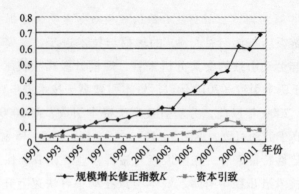

图 5 – 14　旅游饭店与旅行社行业规模与资本效率的交叉分析

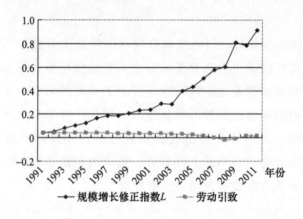

图 5 – 15　旅游饭店与旅行社行业规模与劳动效率的交叉分析

6. 旅游产业及其各行业的规模与效率交叉分析的小结

目前，除旅游景区规模升级与劳动效率保持相对的平衡和阶段性一致性外，其余的规模升级都远远高于技术进步、资本引致和劳动引致。因此，旅游产业及其各行业均处在以规模升级为主导的阶段，这说明旅游产业及其各行业的规模升级仍将长期持续存在。同时，旅游产业及各行业规模与效率的关系存在异质性特征。

二　旅游产业升级的相对综合评价

旅游产业升级的相对综合评价是创设旅游产业升级相对系数，用其测度旅游产业升级的相对质量。具体来看，就是对旅游产业升级的规模及效率指标与国民经济和第三产业的相应指标进行分项及整体比值的综合相对评价（见表 5-1）。旅游产业升级的综合相对评价分为旅游产业升级的相对评价Ⅰ和旅游产业升级的相对评价Ⅱ。

表 5-1　　　　　　　　旅游产业升级相对综合评价分析

旅游产业升级的相对评价Ⅰ	旅游产业		国民经济		旅游产业/国民经济		旅游产业升级相对系数Ⅰ	相对综合评价
	规模 (A)	效率 (B)	规模 (C)	效率 (D)	A/C	B/D	AB/CD	
	22.2%	1.25%	15.12%	0.82%	1.47	1.52	2.24	
旅游产业升级的相对评价Ⅱ	旅游产业		第三产业		旅游产业/第三产业		旅游产业升级相对系数Ⅱ	
	规模 (A)	效率 (B)	规模 (E)	效率 (F)	A/E	B/F	AB/EF	
	22.2%	1.25%	18.3%	0.13%	1.21	9.62	11.66	

注：表中 A、B、C、D、E 和 F 均采取增长率作为指标，遵循无量纲化处理的原则。

旅游产业升级的相对评价Ⅰ中：旅游产业规模（A）选取的指标是旅游业总收入（1992—2012 年）这一规模指标年均增长率 22.2%；旅游产业效率（B）选取的指标是旅游产业技术效率（1992—2012 年）这一效率指标年均增长率 1.25%；国民经济规模（C）选取的指标是城镇[1]第二、第三产业 GDP（1995—2010 年[2]）这一规模指标年均增长率 15.12%；国民经济效率（D）选取的指标是城镇第二、第三产业技术效率（1995—2010 年）这一效率指标年均增长率 0.82%。有关国民经济（城镇第二、第三产业）的产业效率分解的内容参见附录 25。

---

　　①　中国是典型的城市农村二元经济，国民经济的增长和产业效率的提升都集中在城镇，因此，这里用城镇第二、第三产业的有关数据来替代整体国民经济的产业升级状态与旅游产业升级进行比较，有其合理性和可行性。

　　②　新中国成立以来，三次产业划分经历了三个阶段，其标志分别是 2002 年三次产业国家标准订立和 2011 年三次产业国家标准的修订。限于三次产业统计口径所引起的限制，国民经济（城镇第二、第三产业）中资本投入 K、劳动投入 L 和产出 GDP 的有效数据只查询到 1995—2010 年的数据。

旅游产业升级的相对评价 II 中：旅游产业规模（A）选取的指标是旅游业总收入（1992—2012 年）这一规模指标年均增长率 22.2%；旅游产业效率（B）选取的指标是旅游产业技术效率（1992—2012 年）这一效率指标年均增长率 1.25%；第三产业规模（E）选取的指标是第三产业增加值（1990—2012 年）这一规模指标年均增长率 18.3%；第三产业效率（F）选取的指标是第三产业技术效率（1990—2012 年）这一效率指标年均增长率 0.13%。有关第三产业的产业效率分解的内容参见附录 26。

在旅游产业升级相对评价 I 中，旅游产业规模增速大于国民经济规模增速（比值 1.47），旅游产业效率增速也大于国民经济效率增速（比值 1.52），旅游产业相对系数远远大于 1，为 2.24，这说明旅游产业升级远远快于国民经济的产业升级。

在旅游产业升级相对评价 II 中，旅游产业规模增速大于第三产业规模增速（比值 1.21），旅游产业效率增速也大于第三产业效率增速（比值 9.62），旅游产业相对系数远远大于 1，为 11.66，这说明旅游产业升级远远快于第三产业的产业升级。

综合来看，旅游产业升级质量既好于国民经济产业升级质量，也好于第三产业升级质量，这充分说明了旅游产业具备建设"国民经济的战略性支柱产业和人民群众更加满意的服务业"的优质产业素质。

三 旅游产业升级的分级评价

旅游产业升级的分级评价是对旅游产业升级相对综合评价的深化，即采用旅游产业升级相对综合评价同样的方法计算各年旅游产业升级相对综合评价系数。在这使用的数据包括附录 12、附录 15、附录 25 和附录 26 中 1995 年至 2010 年的规模增长率和技术进步（A）。由于技术进步（A）增幅速度慢，因此，技术进步（A）将直接采用其绝对值，而不再采用其相对值（增长率）。对于其中技术进步（A）出现的负值统一置换为其前一年的数值；对于规模增长率中出现的负值采用前后两年增长率平均值进行平滑处理。对于

1995 年至 2010 年旅游产业升级的分级评价，见表 5 - 2 和图 5 - 16。① 对旅游产业升级相对系数Ⅰ和旅游产业升级相对系数Ⅱ分别取其整数值，即得对应的分级系数Ⅰ和分级系数Ⅱ。分级系数Ⅰ或系数Ⅱ大于 1 则说明旅游产业在升级，且数值越大旅游产业升级的级别越高。

表 5 - 2　　　　　　　　　　旅游产业升级的分级

年份 分级	1995	1996	1997	1998	1999	2000	2001	2002	8 年平均值
分级Ⅰ	3	8	5	16	15	9	11	90	20
分级Ⅱ	2	9	4	19	11	6	6	23	20
年份	2003	2004	2005	2006	2007	2008	2009	2010	8 年平均值
分级Ⅰ	27	10	13	17	3	13	59	191	42
分级Ⅱ	38	16	12	17	2	12	77	66	42

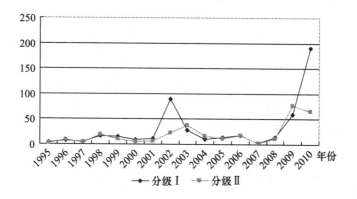

图 5 - 16　旅游产业升级的分级曲线

从表 5 - 2 来看，旅游产业升级分级均大于 1，且 1995—2002 年的平均值为 20，2003—2010 年的平均值为 42。从图 5 - 16 来看，

---

① 旅游产业升级的分级曲线走势与旅游业在国民经济中的发展作用、地位和定位保持基本一致，即与旅游产业化阶段、经济增长点时期、重要产业阶段、支柱产业阶段和正在建设的战略性支柱产业阶段保持基本一致，这些阶段的划分，也可以看作旅游产业升级的一种外在标志。

1995—2010 年旅游产业升级的分级值在波动中持续上升，即旅游产业在持续升级。

第二节　旅游产业升级的市场路径

在前文有关旅游产业规模升级和效率升级的机制及评价的基础上，旅游产业升级的市场路径研究主要是探讨促进旅游产业升级的市场途径。具体来看，旅游产业升级的市场路径包括：其一，依托旅游产业规模升级的潜力释放机制、产业融合机制和产业结构机制促进旅游产业的规模升级；其二，依托旅游产业升级的要素效率和要素转换趋势，促进旅游产业的要素效率升级；其三，依托旅游产业技术效率和技术贡献的主导优势，促进旅游产业的技术要素升级。

一　释放需求潜力，推动规模升级

旅游需求是旅游发展的原动力，旅游需求潜力是旅游产业升级的根本动力。旅游需求潜力的释放是激发旅游产业融合、旅游产业结构优化和旅游产业高级化的第一步，也是促进旅游产业规模升级的关键。释放旅游需求潜力主要是通过市场活动自发而实现的。回首中国旅游 30 多年的发展，旅游需求潜力得到不断释放，更需要从以下几个方面进一步推动和开发：

（1）市场升级——入境市场到国内市场和出境市场递进发展，出游高峰增多。

（2）需求升级——从以观光为主的旅游需求到更加多元化、更加均衡化的多元化旅游需求，具体包括观光、休闲、探亲、购物和其他目的。

（3）频率升级——从无到有，从少到多，从一次到多次。

（4）交通升级——从汽车、火车到飞机、游轮和高铁。

（5）出境方式升级——从因公出境为主到因私团队出境，再向因私散客出境转变。

（6）景点逗留时间升级——从短期观光旅游向更长逗留时间的休闲度假知识性旅游的转变。

（7）游客主体升级——在国内游客群体从公务旅游、商务旅游向大众旅游转变。

（8）消费结构升级——从以旅游基本消费为主向以旅游非基本消费为主过渡。

（9）产业结构融合升级：随着产业融合和新技术运用，旅游产业结构由核心产业结构向延伸产业结构演化融合。

（10）产品升级——由单一观光型产品向观光、休闲、度假复合型产品升级，旅游产品类型更加多元化，向文化旅游、会奖旅游、康体旅游、自驾车旅游、医疗养生旅游、温泉冰雪旅游、邮轮旅游、游艇旅游、度假旅游、自行车旅游、体育健身旅游和自助旅游以及信息化旅游等产品形式延伸。

（11）消费升级——由过去的"奢侈品"变为"必需品"，旅游逐渐成为一种生活的态度和方式。

（12）地域升级——从城市周边和特定地域的旅游向城市旅游、乡村旅游和包括沙漠旅游在内的各种特种旅游延伸。可见，中国旅游发展的广度、深度和高度都在旅游需求不断释放中得到了强化。

因此，旅游需求释放的过程也就是旅游需求满足、旅游产业融合和旅游产业结构优化的过程，更是促进旅游产业规模升级的过程。国家旅游局曾指出，全国可供休闲景区不足10%难以应付带薪休假①的需求。今后，通过市场和政府的共同努力进一步释放旅游需求潜力，促进旅游产业规模升级。

二　促进要素服务能力转化，提升要素效率

从长期来看，旅游产业效率升级的核心就是实现旅游要素效率从资本效率、向劳动效率，进而向技术效率的转换过程。基于旅游

---

① 钱春弦：《国家旅游局：全国可供休闲景区不足10%难应付带薪休假》，http：//news. xinmin. cn/shehui/2013/05/23/20387536. html，2013 - 05 - 23。

产业潜力释放和规模化升级的背景，旅游产业要素服务能力提升和转换是旅游产业效率升级的核心。具体来看就是要：

（1）首先是重视和研究游客需求，以游客需求为本，坚持需求和服务导向意识，通过企业创造的优质产品和服务，满足旅游市场需求，奠定旅游产业发展的市场活力，这也是检验要素服务能力转化和提升要素效率的终极环节。

（2）重视旅游企业员工的工作首创性和劳动价值，将员工视为主人、伙伴和资产，而非累赘、工具和负债，有步骤地开展旅游企业服务技能竞赛、行业培训和职业生涯规划等，不断开发员工的岗位价值和积淀行业知识，为旅游企业劳动要素的效率提升奠定企业内生性根基。

（3）重视旅游企业家的创造性劳动，给予旅游企业家应有的创造性劳动回报，为旅游企业家的产生、孵化和流动创造市场条件，进而通过旅游企业家的创新带动旅游企业服务能力转化和提升整个旅游产业的要素效率。

（4）重视技术在要素服务能力转化中的基础性作用，既要重视硬件技术，也要重视软件技术，积极采纳各种类型的适用性新技术来提升旅游产业运行水平，更要投资合作开发新技术和储备技术，还要重视科技发明专利和应用专利①的借鉴及引入转化，提升旅游产业技术要素的效率和竞争力。

（5）从依靠资本要素获取竞争优势，转化为通过劳动要素和技术要素来获取市场竞争优势。总之，通过上述有关提升要素效率的措施，自发地推进旅游产业要素效率服务能力的转化、要素效率基础上的要素升级转化和提升旅游产业的整体效率。

三 实施全面创新，创造技术升级环境

本书研究发现：长期以来，技术效率在旅游产业效率升级中扮演着主导性的作用，并越来越重要。此研究结论也印证了"科学技

---

① 从国家专利统计局的专利统计来看，旅游类专利主要集中在户外旅游用品领域，而在其他领域的专利十分缺乏。

术是第一生产力"的论断。因此，旅游产业升级的市场路径要依托旅游产业技术效率和技术贡献的主导优势，通过全面创新，创造技术升级环境，促进旅游产业的技术要素升级。

这里的技术，既包括信息技术在内的"硬"科学技术，也包括由"硬"科学技术构造出的"软"科学技术环境。

例如，PEST——P：和平便利的国内外环境；E：经济增长可持续健康发展的宏观环境；S：社会开放的环境，舆论自由，个性化偏好，营销和人口及社会结构；T：技术扩散、三次产业服务化趋势。

因此，旅游产业既要寄希望于国家改革开放和经济转型发展大环境的升级，也要与国家改革开放和经济社会转型发展大环境积极互动，并扮演重要的推动作用，从而获得发展依托，并为自身发展营造实现产业升级的技术环境条件。

旅游产业技术升级的主导作用，一方面说明了旅游产业效率升级长期以来的内生性的固有本质，另一方面其"软"的特点也使得长期以来旅游产业"硬"技术升级难以获得突破性明显飞跃，旅游产业"硬"技术升级缓慢，例如在国家专利统计局的专利统计中旅游类专利比较单一（户外旅游用品领域）、数量较少，总体十分匮乏。这也在一定程度上解释了为什么旅游产业同质性竞争严重和恶性价格竞争突出的现实。因此，旅游产业技术升级应该通过市场实现从依托"软"环境型技术升级向依靠"硬"技术升级的方向转型，即要从"软"升级走向"硬"升级，要积极发挥市场经济中的企业和个人的自主、自发和自创的发明创造在旅游产业领域的蓬勃发展。

第三节　旅游产业升级的政府作用

目前，中国旅游产业升级的业界实践和产业政策还处在零散而非整体、表面而非深入、直观而非理性的初期阶段。Adam Blake M. Thea Sinclair 和 Juan Antonio Campos Soria（2006）在对英国旅游企业生产力研究后认为，融合所有驱动力的组合策略要强于独立性政策，政府性的组织应该合作促进产业生产力发展，为小企业提供特别政策支持。

因此，旅游产业升级的政府作用是在充分发挥上述市场路径这只"无形的手"的基础上，通过发挥政府这只"有形的手"为构建、重建和纠正市场路径的环境条件，更好地发挥和促进市场路径这只"无形的手"的功能，发挥"两只手"的协同作用实现旅游产业升级。旅游产业升级的研究为政府的产业政策找准旅游产业升级的路径和助推旅游产业升级提供了理论基础。总结上述研究，旅游产业升级市场路径有三条，即需求潜力释放、要素服务能力转化和全面技术环境创新。因此，促进旅游产业升级的产业政策包括三大战略。

一 战略一：促进消费升级，做好战略顶层设计

安徒生说，"旅游是一种生活"。旅游在全世界范围内正成为居民的一种"生存"方式。因此，政府要从"民生"的角度促进旅游消费升级。这里的旅游消费升级有两层含义：一方面就是要积极更大限度地满足居民的出游需求，让旅游成为一种"生活"和"生存"方式，更为文化的传播和和谐社会的建设起到催化剂和黏合剂的作用。另一方面要充分发挥旅游产业对老、少、边、穷地区居民的就业和生产的积极和广泛的带动作用，充分发挥旅游产业的前向和后向带动作用，通过旅游消费来服务于区域间经济社会的协调发展。

同时我们也看到，旅游需求的释放不是一个自然而流动的过程，它需要从供给角度来加以促进，这就是政府作用。中国旅游产业的发展在制度保障上不断升级，例如在立法上已从部门法规上升为国家的法律制度①，在定位上已从经济发展的增长点上升为"国民经济的战略性支柱产业和人民群众更加满意的现代服务业"。而与此同时，旅游产业服务质量不断升级，从中国历年旅游投诉统计来

---

① 2013 年 10 月 1 日《中华人民共和国旅游法》正式施行。

看，旅游投诉率的下降和结案率的上升，旅游服务质量稳步升级态势明显。政府未来要做好顶层设计：

（1）要继续坚持发展旅游的优先战略，要从挪假式旅游向带薪休假式旅游转变，积极落实好 2013 年 2 月底出台的《国民旅游休闲纲要（2013—2020 年)》，更好地保障国民旅游休闲时间。

（2）要积极研究《旅游法》的配套法律及政策，更好地保障旅游者和旅游产业各方的权益。例如通过提质不提价等措施，引导旅游产业从门票经济升级为产业经济。

（3）转变政府旅游管理的定位和职能，要从旅游产业推进管理和审批管理转向旅游公共服务管理和战略管理，完善国民旅游休闲公共服务职能。只有通过树立民生导向的价值观念，做好顶层设计，才能更好地释放居民旅游消费需求潜力，满足和引导旅游消费需求，从而实现旅游需求短期和长期的供求均衡，持续推动旅游产业规模的扩大，为实现战略性支柱产业奠定产业升级的规模基础，实现旅游产业的规模升级。

（4）深化经济体制改革，积极推动以飞机和高铁为代表的高端旅游的发展，引领旅游产业升级的新时尚，为更加开放和更富有活力的市场提供政策支持，出台国家高端旅游规划和政策支撑体系。

二　战略二：提升要素效率，支撑旅游产业升级

旅游产业要素效率升级就是要实现旅游产业效率驱动从主要依靠"软"技术和资本向依靠"硬技术"和劳动转换。在一个旅游需求快速释放的经济环境中，旅游产业要素效率的提升既是一个市场化的过程，也是一个可以通过产业政策加以催化的过程。政府在旅游产业升级中的定位是催生婆，而不是终生保姆，主要起到基于旅游产业比价优势的因势利导的作用。[1] 当前，随着居民的消费结构升级，恩格尔系数不断下降，发展性消费和享乐性消费的比例会有显著的提高，居民的旅游恩格尔系数应该得到重视和持续提高。从而，潜在旅游市场需要更多的技术性便利和更加周到亲切的对客服

---

[1]　林毅夫：《新结构主义经济学》，北京大学出版社 2012 年版。

务。因此，政府应该给予旅游产业在劳动报酬和技术报酬方面更多的产业政策支持：

（1）给予旅游类专业教育和科研设立国家专项发展基金，支持旅游教育事业的精细化和科学化发展。

（2）给予旅游行业更多的培训服务支持，降低旅游行业人才培育成本，吸引更加优秀的人才。

（3）设立专门的旅游人才市场，为旅游人才就业的公开、透明和自由流动提供市场化渠道。

（4）设立更加细致和严格的旅游行业专业化就业标准或法规，促进旅游行业就业人员素质和工资水平的同步提升，间接提升旅游行业劳动效率水平。

（5）支持旅游产业领域的产、学、研的协同化技术创新，为旅游产业的人才开发和技术储备提供政策及资金支持。

（6）降低旅游企业设立的条件限制，鼓励各类企业向旅游行业的跨界经营，支持旅游企业的专业化经营，提升旅游服务质量的监控和要求。

（7）为旅游类企业创业提供税收政策、利率政策和人才政策方面的支持和优惠，大力支持中小类旅游企业的发展，以创造更多的就业岗位。

（8）从资金要素价格和税收优惠方面大力支持中西部旅游大省和旅游富集区的旅游主导型产业建设。

（9）从政治、经济和文化全领域支持中国旅游企业的跨国跨境经营，形成更加紧密的出国出境旅游流和中国旅游企业跨国跨境经营的协同关系。

（10）设立更加严格的旅游服务质量标准和旅游产业数据统计，从制度上保证旅游产业的规范化和科学化发展，间接促进旅游产业"游客为本、服务至上"核心价值观的落实。

总之，旅游产业要素效率的提升，需要激活旅游产业要素市场，为旅游产业的市场化发展提供或完善政策性动力机制，以游客为导向，以服务质量为本，以要素质量积淀为途径，以要素效率提升为目标，促进旅游产业的升级。

三　战略三：鼓励技术创新，发挥市场环境潜力

现今技术创新或称技术进步有着广泛意义和丰富内涵。傅晓霞和吴利学（2006）总结 Kumbhakar 关于 TFP（全要素生产率）的增长的观点，认为技术进步包括四个部分，分别是"前沿技术进步、相对前沿技术效率的变化、配置效率变化和规模经济变化"。[①] 饶品祥（2012）将影响旅游产业技术进步的因素归纳为技术创新、企业制度、规模经济、企业网络和产业外部支持系统五个方面。[②] Anne‐Mette，H.（2002）指出，促进创新的旅游政策不能仅限于旅游业本身，也要将公共部门和商业部门的驱动力考虑在内。由于旅游产业需求导向的特点和有关旅游产业升级技术进步的重要性，因此，旅游产业升级不能仅仅寄希望于资本的投入和劳动的投入，更应该重视具有广泛意义的技术进步的影响。在旅游产业实践中，旅游六要素（食、住、行、游、购、娱）更新、组合、新要素、新标准、新观念、新体制、新组织、新市场、人力资源、信息技术、新政策或有利的环境改善等，都可以纳入促进旅游产业升级的技术创新的范畴。

近期来看，可以通过鼓励以下几个方面的技术创新来发挥市场环境潜力，促进旅游产业升级：

（1）在弥补旅游企业创新效应外部性内部化方面，可以由国家旅游局和各省市旅游局及旅游产业协会设立国家及省市旅游创新奖，对于具有显著经济成效和外溢效应特征的旅游产业创新技术和产品等进行奖励，以弥补创新外部性成本，实现旅游创新外部效应的内部化。

（2）通过设立国家旅游服务质量奖和国家旅游效率奖来引导旅游产业技术创新。

---

① 傅晓霞、吴利学：《技术效率、资本深化与地区差异——基于随机前沿的中国地区收敛分析》，《经济研究》2006 年第 10 期。

② 饶品祥：《中国旅游产业增长的技术因素及其贡献分析》，《郑州大学学报》（哲学社会科学版）2012 年第 4 期。

（3）鼓励和支持旅游开发盈利模式的升级，例如从门票经济向产业经济转变，从"做大"（注重单体规模）到做"大"（旅游综合体），抓机遇、做"大旅游"、做"大项目"、做"大品牌"、做"开放的大市场"、做"大资源整合"、完善和拉长产业链。

（4）在注重创新环境和鼓励政策的同时，也要积极引导旅游产业从"软"技术升级走向"硬"技术升级，鼓励旅游产业在服务领域的流程首创精神和科技专利申请。

总之，通过鼓励支持"软"技术创新（环境）和"硬"技术创新，来发掘市场环境潜力，推动旅游产业升级。

第六章 研究总结、创新与展望

一 研究总结

旅游产业是中国经济转型升级时期国家重点发展的产业之一，被定位为"国民经济的战略性支柱产业和人民群众更加满意的现代服务业"。因此，如何从理论上认识和从实践对策上促进旅游产业面向国家战略的升级，既是一个摆在旅游管理研究领域的科学问题，也是服务国家战略和促进旅游产业健康可持续发展的客观需要。

本书对旅游产业升级相关研究进行了述评，对旅游产业升级从理论上和机制及评价上进行系统构建，对旅游产业升级的规模与效率及其内在机制分别进行了系统研究，对旅游产业升级的规模与效率进行了交叉分析，对中国旅游产业升级与国民经济及第三产业典型行业产业升级进行相对综合评价和分级，并基于上述有关旅游产业升级的系统性研究，从促进旅游产业升级的市场路径（无形的手）和政府作用（有形的手）两个方面探讨旅游产业升级的对策问题。本书有关旅游产业升级研究的总结性观点如下：

（1）旅游产业升级是一个长期性的、系统性的"量"与"质"相统一的过程。

（2）旅游产业规模升级潜力巨大，规模升级存在内在一致性的机制，潜力是结构的格兰杰原因，结构是规模的格兰杰原因。

（3）旅游产业效率升级是一个连续的过程，技术进步是主要特征，劳动引致有上升趋势，资本引致有下降趋势。

（4）旅游产业升级的规模与效率的交叉分析发现：中国旅游产业的规模升级有效性明显，效率升级不太明显，中国旅游产业及其各行业的升级目前仍然处在以规模升级为主导的阶段，因此要加大规模升级力度，释放旅游产业潜力，建设旅游战略性支柱产业。

（5）旅游产业升级的相对综合性分析和分级研究发现：中国旅游产业的规模升级有效性明显，效率升级更明显，旅游产业升级十分明显。因此，旅游产业具有建设"国民经济战略性支柱产业和人民群众更加满意的现代服务业"的优势。

（6）旅游产业需求导向的特点和旅游产业升级的规律告诉我们，旅游产业升级不能仅仅寄希望于资本的投入，应该重视劳动投入和具有广泛意义上的技术进步的影响。

二 研究创新

本书对旅游产业升级进行了系统研究，可能的创新如下：

（1）在旅游消费升级和国民经济转型升级等背景下，将旅游产业升级与旅游战略性支柱产业建设相结合，探讨面向战略性支柱产业建设的旅游产业升级。

（2）主要基于筱原三代平关于支柱产业选择两大基准，即"需求的收入弹性基准"（量的方面）和"生产率上升基准"（质的方面），从旅游产业规模与效率相结合的角度对旅游产业升级进行理论建构，系统阐述了旅游产业升级的定义、内涵、特征、升级机制和测评体系及分级。

（3）基于长期数据，对旅游产业升级进行了规模解构、效率分解和综合评价，创设了旅游产业相对综合评价系数和分级，奠定了旅游产业升级的实证基础。

（4）根据"无形的手"和"有形的手"的关系及作用机理，基于市场路径，从政府作用入手探讨促进旅游产业升级的策略。

总之，本书初步构建旅游产业升级的概念、升级机制、综合评价和对策体系，系统回答了旅游产业升级的四个问题，丰富中国特色的旅游产业经济理论，服务国家战略。

三 研究展望

旅游产业升级有着丰富的理论内涵和重大的实践指导意义。本书在旅游产业升级的理论构建和实证研究方面进行了初步的系统研究，取得了有价值的结论。面向旅游战略性支柱产业这一国家战略目标，展望未来，旅游产业升级这一科学命题仍有很多有价值的问题值得继续挖掘和研究：

（1）旅游产业规模升级中的内在机制问题有待进一步精细刻画，以便形成更多旅游产业升级的政策。

（2）旅游产业升级效率研究采用索洛余值法，由于资本价格难以准确确定，所以利用资本存量来代替资本服务，忽略了新旧资本设备生产效率的差异以及能力实现的影响。索洛余值法用"残差"来度量全要素生产率，从而无法区分出像信息技术应用这样的起到重要影响的技术进步的作用，也难以剔除掉测算误差的影响。因此，未来通过更加精细的研究以加深对旅游产业升级效率认识。

（3）在产业效率研究中，计量经济模型假定技术是有效率的，如何放松假设，需要继续探讨。

（4）对旅游产业升级的时间节点及其原因需要进一步探讨，深化外界突发事件对旅游产业效率的扰动分析和机制探讨。

（5）将技术进步与技术效率区分开来，更细致地研究产业效率的来源和转换趋势。

（6）深化对旅游产业升级约束条件和约束机制的研究，以便更好地实现旅游产业潜力释放和旅游产业效率的提升，促进旅游产业升级。

（7）将旅游产业升级与旅游竞争力相结合，从旅游产业升级与旅游竞争力互动中探讨旅游产业的可持续发展。

总之，如何在既有框架下深化对已有研究领域和上述问题的进一步研究以便呈现出更多旅游产业升级的研究成果是一个值得期待的努力方向。

附录 I：文中数据资料

附录 1 旅游消费升级有关数据

表1   世界高收入发达八国人均出境旅游消费支出数据

单位：美元

年份	加拿大	法国	日本	美国	意大利	德国	英国	澳大利亚	平均值
1980	172	760	879	457	318	917	445	1820	721
1990	535	639	2266	837	638	600	564	2092	1021
1995	564	874	2405	885	919	700	587	1821	1094
1996	593	978	2219	919	870	650	602	1993	1103
1997	600	969	1966	983	872	580	603	2097	1084
1998	610	984	1823	997	912	566	634	1705	1029
1999	618	1115	2006	1016	892	661	661	1804	1097
2000	787	1342	2391	1489	828	778	827	2514	1369
2001	558	920	1636	1039	660	680	626	1674	974
2002	803	1118	2117	1434	785	840	852	2463	1302
2003	925	1622	2746	1456	884	973	943	2988	1567
2004	934	1288	2770	1471	972	1023	1045	2920	1553
2005	1007	1727	2742	1563	1043	1191	1060	3219	1694
2006	1148	1687	2149	1640	1066	1167	1127	3320	1663
2007	1240	1770	2156	1718	1183	1332	1258	3773	1804
2008	1257	2231	2439	1868	1337	1452	1220	4286	2011
2009	1117	1941	2089	1668	1241	1293	1111	3701	1770
2010	1316	1873	2298	1719	1194	1249	1117	3889	1832

资料来源：根据历年《国际统计年鉴》整理而得。

表2　　　中国人均国内旅游花费（分城镇居民和农村居民）数据

单位：元

年份	国内旅游人均花费	城镇居民旅游人均花费	农村居民旅游人均花费
1994	195.3	414.7	54.9
1995	218.7	464	61.5
1996	256.2	534.1	70.5
1997	328.1	599.8	145.7
1998	345	607	197
1999	394	614.8	249.5
2000	426.6	678.6	226.6
2001	449.5	708.3	212.7
2002	441.8	739.7	209.1
2003	395.7	684.9	200
2004	427.5	731.8	210.2
2005	436.1	737.1	227.6
2006	446.9	766.4	221.9
2007	482.6	906.9	222.5
2008	511	849.4	275.3
2009	535.4	801.1	295.3
2010	598.2	883	306
2011	731	877.8	471.4
2012	768	914.5	491

资料来源：根据历年《中国旅游统计年鉴》整理而得。

表 3　　　　　　中国旅游三大市场主体旅游消费开支
　　　　　　　　　　（收入）数据　　　　　单位：亿美元

年份	国际旅游支出	国际旅游外汇收入	国内旅游收入
1990	4.7	22.2	35.5
1994	20	73.2	118.8
1995	36.9	87.3	165.4
1996	44.7	102.0	197.4
1997	81.3	120.7	255.2
1998	92.1	126.0	288.8
1999	108.6	141	342.0
2000	142	162.2	383.7
2001	139.1	177.9	425.6
2002	168	204	468.6
2003	167	174.1	415.9
2004	214	257.4	569.1
2005	247	293	655.0
2006	282	340	797.8
2007	333	419.2	1051.9
2008	410	408.4	1259.9
2009	471	396.8	1490.8
2010	530	458.1	1842.7
2011	564	484.6	3023.5
2012	590	500.3	3650.5

资料来源：根据历年《中国旅游统计年鉴》整理而得。

附录 2 世界高收入重点国家旅游发展与 国民经济的关系数据

表 1 旅游出游率

单位:%

年份	加拿大	法国	日本	美国	意大利	德国	英国	澳大利亚	平均值
1990	70.61	31.60	9.77	18.08	25.51	67.70	51.07	12.02	35.79
1999	58.24	28.24	12.14	20.44	32.69	89.63	88.82	16.51	43.34
2000	58.55	36.62	13.22	21.62	41.86	99.88	99.67	17.85	48.66
2001	57.68	33.39	13.94	20.05	40.03	97.45	103.09	18.52	48.02
2002	55.22	26.88	14.00	19.03	40.48	83.48	96.98	16.51	44.07
2003	50.59	24.48	10.50	19.36	39.44	78.27	96.78	14.20	41.70
2004	60.76	33.03	13.86	22.30	38.35	86.79	105.14	19.81	47.50
2005	67.02	36.83	15.01	22.59	44.17	89.57	118.70	21.58	51.93
2006	65.75	36.71	15.45	22.01	44.22	91.16	119.13	22.63	52.13
2007	71.43	37.91	14.90	21.43	43.75	83.40	109.52	23.67	50.75
2008	78.45	34.52	12.43	21.31	43.54	85.46	119.61	23.42	52.34
平均值	63.12	32.75	13.20	20.75	39.46	86.62	100.77	18.79	46.93

资料来源：根据历年《国际经济年鉴》数据计算而得。

表2　　　　　　　　　　　旅游支出 GDP 占比

单位:%

年份	加拿大	法国	日本	美国	意大利	德国	英国	澳大利亚	平均值
1980	1.17	0.88	0.43	0.37	0.42	1.75	1.29	1.06	0.92
1990	1.88	1.00	0.82	0.65	0.91	1.97	1.73	1.44	1.30
1995	1.77	1.05	0.72	0.61	1.35	2.12	2.15	1.22	1.37
1996	1.80	1.12	0.74	0.62	1.39	2.15	2.12	1.35	1.41
1997	1.84	1.18	0.77	0.63	1.43	2.19	2.10	1.47	1.45
1998	1.77	1.23	0.73	0.64	1.48	2.19	2.27	1.45	1.47
1999	1.75	1.29	0.73	0.64	1.43	2.30	2.44	1.43	1.50
2000	2.08	2.01	0.91	0.92	1.66	3.05	3.18	2.11	1.99
2001	1.45	1.34	0.64	0.60	1.36	2.80	2.55	1.56	1.54
2002	1.96	1.34	0.88	0.77	1.66	3.05	3.23	2.07	1.87
2003	1.92	1.57	0.86	0.75	1.57	2.97	3.21	1.86	1.84
2004	1.99	1.50	1.05	0.80	1.40	2.89	3.23	2.33	1.90
2005	2.02	1.81	1.06	0.79	1.51	3.04	3.23	2.28	1.97
2006	2.05	1.67	0.86	0.79	1.48	2.85	3.26	2.26	1.90
2007	2.19	1.72	0.85	0.79	1.55	2.82	3.12	2.40	1.93
2008	2.27	1.83	0.80	0.83	1.65	2.90	3.16	2.40	1.98
2009	2.26	1.72	0.69	0.74	1.63	2.78	2.81	2.32	1.87
2010	2.33	1.80	0.71	0.75	1.61	2.76	2.68	2.32	1.87
平均值	1.92	1.45	0.79	0.71	1.42	2.59	2.65	1.85	1.67

资料来源:根据历年《国际经济年鉴》数据计算而得。

表3　　　　　　　　　　　　旅游收入支出比

单位:%

年份	加拿大	法国	日本	美国	意大利	德国	英国	澳大利亚	平均值
1980	0.73	1.37	0.14	0.97	1.98	0.32	1.01	0.55	0.88
1990	0.58	1.62	0.14	1.15	1.60	0.42	0.78	0.90	0.90
1995	0.77	1.69	0.09	1.41	1.94	0.34	0.76	1.71	1.09
1996	0.77	1.60	0.11	1.45	1.90	0.34	0.76	1.67	1.07
1997	0.77	1.69	0.13	1.41	1.79	0.36	0.72	1.47	1.04
1998	0.87	1.68	0.13	1.27	1.69	0.35	0.65	1.36	1.00
1999	0.90	1.69	0.10	1.26	1.68	0.34	0.57	1.39	0.99
2000	0.86	1.47	0.14	1.30	1.58	0.43	0.64	1.48	0.99
2001	1.05	1.69	0.12	1.19	1.74	0.35	0.45	1.32	0.99
2002	0.90	1.66	0.17	1.27	1.43	0.46	0.55	1.43	0.98
2003	0.74	1.52	0.32	1.21	1.38	0.41	0.53	1.44	0.94
2004	0.76	1.55	0.30	1.21	1.57	0.45	0.54	1.36	0.97
2005	0.70	1.35	0.32	1.24	1.43	0.48	0.54	1.42	0.93
2006	0.65	1.44	0.31	1.23	1.52	0.52	0.55	1.45	0.96
2007	0.57	1.43	0.33	1.32	1.41	0.50	0.55	1.29	0.93
2008	0.54	1.29	0.35	1.43	1.29	0.50	0.55	1.14	0.89
2009	0.52	1.28	0.36	1.42	1.22	0.51	0.63	1.30	0.90
2010	0.50	1.23	0.39	1.51	1.21	0.54	0.66	1.30	0.92
平均值	0.73	1.51	0.22	1.29	1.57	0.42	0.64	1.33	0.97

资料来源：根据历年《国际经济年鉴》数据计算而得。

附录3 核心旅游产业的构成及数量统计

年份	旅行社数量	星级饭店数量	旅游景区数量
1991	1561	1000	—
1992	2592	1028	—
1993	3238	1186	—
1994	4382	1556	—
1995	3826	1913	—
1996	4252	2349	—
1997	4986	2724	—
1998	6222	5782	—
1999	7326	7035	778
2000	8993	10481	2726
2001	10532	7358	2952
2002	11552	8880	3901
2003	13361	9751	3409
2004	14927	10888	3834
2005	16245	11828	4392
2006	17957	12751	4584
2007	18943	13583	8266
2008	20110	14099	7844
2009	20399	14237	7775
2010	22784	11779	4521
2011	23690	11676	1767

资料来源：根据历年《中国旅游统计年鉴》整理而得。

附录4 中国旅游产业升级潜力

年份	国内生产总值（GDP）	人均GDP	旅游收入（Y）	旅游消费的GDP弹性	弹性类型	旅游消费人均GDP弹性	弹性类型
1991	21781	1893	3517055	—	—	—	—
1992	26923	2311	4676612.62	1.40	富有弹性	1.49	富有弹性
1993	35334	2998	9065992.55	3.00	富有弹性	3.16	富有弹性
1994	48198	4044	16546474.01	2.27	富有弹性	2.37	富有弹性
1995	60794	5046	21049928.3	1.04	富有弹性	1.10	富有弹性
1996	71177	5846	24864484	1.06	富有弹性	1.14	富有弹性
1997	78973	6420	31136104.52	2.30	富有弹性	2.57	富有弹性
1998	84402	6796	34345321.82	1.50	富有弹性	1.76	富有弹性
1999	89677	7159	39990575.17	2.63	富有弹性	3.08	富有弹性
2000	99215	7858	45182564.8	1.22	富有弹性	1.33	富有弹性
2001	109655	8622	49950438.4	1.00	单位弹性	1.09	富有弹性
2002	120333	9398	55656664.5	1.17	富有弹性	1.27	富有弹性
2003	135823	10542	48829946.2	-0.95	反常	-1.01	反常
2004	159878	12336	68410655.52	2.26	富有弹性	2.36	富有弹性
2005	184937	14185	78908606	0.98	近单位弹性	1.02	富有弹性
2006	216314	16500	89360863.82	0.78	缺乏弹性	0.81	缺乏弹性
2007	265810	20169	109581407.6	0.99	近单位弹性	1.02	富有弹性
2008	314045	23708	115858871.9	0.32	反常	0.33	反常
2009	340903	25608	128938892.5	1.32	富有弹性	1.41	富有弹性
2010	401513	30015	156811487.3	1.22	富有弹性	1.26	富有弹性
2011	472882	35181	224355828.3	2.42	富有弹性	2.50	富有弹性
2012	519322	38449	258643437.5	1.56	富有弹性	1.65	富有弹性
2013	568845	41805	294750000	1.46	富有弹性	1.60	富有弹性

注：国内生产总值（GDP）单位：亿元；人均GDP单位：元；旅游收入单位：万元。旅游收入是国内旅游收入和旅游外汇收入之和；旅游外汇收入按照美元年平均价格计算而得。旅游消费的收入弹性是根据国内生产总值、人均国内生产总值与旅游收入相邻两年的数据计算。

资料来源：有关数据来自《中国统计年鉴》和《中国旅游统计年鉴》。

附录5　旅游产业的就业弹性分析

年份	营业收入	直接就业	直接就业弹性系数	总就业弹性系数	总就业弹性类型
1991	2714518.53	696030	—	—	—
1992	4076267	779603	0.2394	1.9148	富有弹性
1993	5438014.75	863177	0.3209	2.5672	富有弹性
1994	7151473.56	956079	0.3416	2.7326	富有弹性
1995	8415290.88	1100038	0.8520	6.8163	富有弹性
1996	1068545.06	1178759	(0.0820)	(0.6558)	＊＊＊[①]
1997	13077603.35	1339918	0.0122	0.0973	＊＊＊
1998	14413940.78	1806258	3.4059	27.2475	富有弹性
1999	16266548.73	1915966	0.4726	3.7805	富有弹性
2000	19923818	2080449	0.3818	3.0547	富有弹性
2001	19467736	2006458	0.1519	1.2153	＊＊＊
2002	23080403	2424412	0.9004	7.2034	富有弹性
2003	22606623	2189507	1.1113	8.8906	富有弹性
2004	26756368	2448751	0.6473	5.1786	富有弹性
2005	31963675.33	2604231	1.0480	8.3837	富有弹性
2006	34432629	2713413	0.2515	2.0117	富有弹性
2007	40423552.73	2720476	0.4647	3.7179	富有弹性
2008	43344709	2721318	(0.1840)	(1.4720)	＊＊＊
2009	45281467	2749298	0.1173	0.9384	富有弹性
2010	44765497	1857714	1.8013	14.4107	＊＊＊
2011	55388700	2044000	0.4226	3.3805	富有弹性

资料来源：根据历年《中国旅游统计年鉴（副本）》中有关数据计算而得。

---

①　除个别年份（2001年、2008年和2010年），在大多数年份，旅游产业的就业弹性系数都是大于1的，富有弹性。

附录6 中国三大市场旅游人数

单位：万人次

年份	入境旅游（外国人）人数	因私出境旅游人数	国内旅游人数
2000	1023.6	563.1	74445
2001	1122.4	784.6	78400
2002	1344	1006.1	88000
2003	1140.3	1481.1	87000
2004	1693.3	2298	110200
2005	2025.5	2514	121200
2006	2221	2879.9	139400
2007	2611	3492.4	161000
2008	2432.5	4013.1	171200
2009	2193.8	4221	190200
2010	2612.7	5150.8	210300
2011	2711.20	6412	264100
2012	2719.16	7705.5	296000

资料来源：根据历年《中国旅游统计年鉴》中有关数据整理而得。

附录7 中国旅游产业部门结构

年份	旅行社数（个）	星级饭店数（个）	星级饭店床位数（张）	旅游院校数（所）	旅游院校学生数（人）	高等旅游院校数（所）	高等旅游院校学生数（人）
1992	2594	1028	—	258	61449	59	8893
1993	3238	1186	—	354	82651	102	12266
1994	4382	1556	—	394	102136	109	15486
1995	3826	1913	—	622	139260	138	20121
1996	4252	2349	—	845	204263	166	25822
1997	4986	2724	—	936	221504	192	28566
1998	6222	5782	—	909	233797	187	32737
1999	7326	7035	—	1052	280867	219	53161
2000	8993	10481	—	1195	327938	252	73586
2001	10532	7358	1144791	1152	342793	311	102245
2002	11552	8880	1533053	1113	417022	407	157409
2003	13361	9751	1729460	1207	459004	494	199682
2004	14927	10888	1887740	1313	578622	574	274701
2005	16245	11828	2366638	1336	566493	693	308408
2006	17957	12751	2571664	1703	734854	762	361129
2007	18943	13583	2785481	1641	773757	770	397365
2008	20110	14099	2969434	1775	844604	810	440038
2009	20399	14237	2934758	1733	952438	852	498379
2010	22784	13991	3064684	1968	1086358	967	596095
2011	23690	13513	2566382	2208	1083335	1115	599800

资料来源：根据历年《中国旅游统计年鉴》整理而得。

附录 8　中国旅游核心产业比重与融合度

年份	旅游核心产业营业额（万元）	旅游业总收入（亿元）	比重（%）	融合度
1991	2714518.53	351.7	77.18	22.82
1992	4076267	467.8	87.13	12.87
1993	5438014.75	906.6	59.98	40.02
1994	7151473.56	1654.7	43.22	56.78
1995	8415290.88	2102.3	40.03	59.97
1996	11068545.06	2484.9	44.54	55.46
1997	13077603.35	3112.7	42.01	57.99
1998	14413940.78	3434.6	41.97	58.03
1999	16266548.73	3999.3	40.67	59.33
2000	15347392.82	4519	33.96	66.04
2001	14640936.98	4995	29.31	70.69
2002	20373596.18	5566	36.60	63.40
2003	18272877.51	4882	37.43	62.57
2004	25252274.95	6840	36.92	63.08
2005	27680466.94	7686	36.01	63.99
2006	33641681.96	8935	37.65	62.35
2007	39174485.77	10956.5	35.75	64.25
2008	41846012.21	11585.8	36.12	63.88
2009	53872492.20	12893.9	41.78	58.22
2010	44765497.40	15681.1	28.55	71.45
2011	55388700.11	22500	24.62	75.38
2012	58049700	25900	—	—

　　注：表中1991—1999年的旅游业总收入是根据国内旅游收入和国际旅游外汇收入的人民币折算值加和而成。

　　资料来源：根据历年《中国旅游统计年鉴（副本）》和《中国旅游业统计公报》数据整理而得。

附录9 旅游产业集聚数据

年份	天津市	河北省	山西省	内蒙古自治区	辽宁省	吉林省	黑龙江	江苏省	浙江省	安徽省	福建省	江西省	山东省	上海市	北京市	河南省
1990	1.01	0.22	0.20	0.28	3.07	0.27	0.28	3.11	2.39	0.27	4.43	0.18	1.59	10.13	28.94	0.20
1991	0.94	0.24	0.14	0.34	2.38	0.24	0.25	2.60	2.07	0.29	3.24	0.15	1.44	8.05	23.51	0.30
1992	1.06	0.22	0.12	0.41	2.08	0.23	0.28	2.29	2.09	0.29	2.95	0.17	1.27	12.45	22.03	0.31
1993	1.19	0.23	0.12	0.70	2.16	0.21	0.24	2.39	2.16	0.33	3.01	0.22	1.34	14.80	23.12	0.28
1994	1.48	0.48	0.21	1.23	2.33	0.35	0.67	3.11	2.53	0.35	6.27	0.22	1.50	11.96	28.18	0.63
1995	1.60	0.51	0.25	1.09	2.27	0.50	0.73	3.13	2.84	0.38	5.82	0.30	1.85	11.30	26.24	0.72
1996	1.59	0.77	0.28	0.98	2.35	0.56	0.82	3.32	3.06	0.44	5.81	0.36	2.06	12.26	23.58	0.76
1997	1.73	0.84	0.36	1.03	2.49	0.57	1.01	3.92	3.31	0.62	5.89	0.43	1.96	12.63	21.58	0.91
1998	1.88	0.93	0.36	1.17	2.44	0.35	1.12	4.91	3.36	0.48	6.05	0.40	2.04	11.31	22.15	0.94
1999	1.74	1.03	0.36	1.00	2.53	0.37	1.23	5.16	3.41	0.56	6.03	0.42	2.25	11.35	20.79	0.95
2000	1.62	0.99	0.35	0.88	2.67	0.41	1.32	5.05	3.59	0.60	6.24	0.44	2.20	11.26	19.32	0.86
2001	1.75	0.98	0.38	0.88	2.89	0.47	1.56	5.14	4.42	0.66	5.89	0.44	2.39	11.32	18.44	0.83
2002	1.84	0.92	0.40	0.81	2.96	0.47	1.60	5.66	5.01	0.67	5.92	0.39	2.54	12.38	16.77	0.78
2003	2.29	0.59	0.25	0.97	3.15	0.46	1.69	7.85	6.05	0.58	6.35	0.33	2.57	14.24	13.20	0.44
2004	1.96	0.90	0.38	1.20	2.90	0.45	1.43	8.36	6.16	0.67	5.07	0.38	2.70	14.69	15.04	0.76
2005	1.99	0.82	0.46	1.38	2.89	0.47	1.33	8.85	6.72	0.73	5.11	0.41	3.05	13.92	14.17	0.85
2006	2.07	0.80	0.54	1.33	3.08	0.47	1.62	9.19	7.02	0.76	4.84	0.46	3.34	13.17	13.27	0.90
2007	2.09	0.83	0.59	1.47	3.30	0.48	1.72	9.30	7.26	0.92	5.81	0.53	3.62	12.70	12.27	0.86
2008	2.52	0.69	0.76	1.45	3.84	0.53	2.19	9.77	7.62	1.14	6.03	0.63	3.50	12.52	11.23	0.94
2009	2.79	0.73	0.89	1.32	4.38	0.57	1.51	9.47	7.60	1.33	6.13	0.68	4.16	11.18	10.27	1.02
2010	2.73	0.67	0.89	1.16	4.35	0.59	1.47	9.20	7.56	1.36	5.73	0.67	4.15	12.20	9.71	0.96
2011	2.94	0.75	0.95	1.12	4.55	0.65	1.54	9.47	7.61	1.98	6.09	0.70	4.27	9.64	9.07	0.92
2012	3.35	0.82	1.08	1.16	4.91	0.74	1.26	9.47	7.75	2.35	6.35	0.73	4.40	8.26	7.74	0.92

续表

年份	湖北省	湖南省	广东省	广西壮族自治区	海南省	重庆市	四川省	贵州省	云南省	西藏自治区	陕西省	甘肃省	青海省	宁夏回族自治区	新疆维吾尔自治区
1990	0.99	0.44	31.44	3.33	1.19	0.80	1.58	0.08	0.70	0.06	1.81	0.35	0.10	0.02	0.53
1991	0.65	0.38	43.14	2.16	1.06	0.65	1.29	0.08	1.76	0.21	1.52	0.29	0.03	0.01	0.60
1992	0.91	0.48	40.62	2.07	1.17	0.82	1.41	0.14	1.38	0.20	1.54	0.24	0.01	0.01	0.73
1993	0.85	0.56	36.07	1.63	1.14	0.89	1.52	0.19	1.92	0.12	1.65	0.22	0.01	0.01	0.74
1994	0.87	0.63	28.23	1.68	1.06	0.76	0.66	0.30	1.74	0.15	1.58	0.19	0.03	0.01	0.60
1995	0.88	0.78	28.78	1.46	0.97	0.76	1.51	0.35	1.99	0.14	1.68	0.25	0.03	0.01	0.89
1996	1.31	1.07	27.62	1.61	0.89	0.74	1.70	0.40	2.31	0.31	2.08	0.20	0.02	0.01	0.71
1997	1.63	1.34	26.86	1.71	0.98	1.01	0.76	0.42	2.57	0.31	2.16	0.27	0.03	0.01	0.68
1998	0.82	1.45	27.34	1.45	0.89	0.82	0.78	0.45	2.42	0.31	2.30	0.28	0.03	0.01	0.77
1999	0.87	1.54	27.22	1.68	0.87	0.81	0.81	0.46	2.91	0.30	2.26	0.31	0.03	0.02	0.72
2000	1.02	1.54	28.70	2.14	0.76	0.97	0.85	0.43	2.37	0.36	1.96	0.38	0.05	0.02	0.66
2001	1.26	1.69	28.03	1.88	0.66	1.02	1.04	0.44	2.31	0.29	1.94	0.28	0.06	0.02	0.63
2002	1.53	1.68	27.41	1.73	0.50	1.18	1.08	0.43	2.26	0.28	1.89	0.29	0.05	0.01	0.54
2003	0.95	0.32	29.61	1.14	0.55	0.79	1.04	0.20	2.36	0.13	1.39	0.15	0.03	0.01	0.34
2004	0.91	1.48	25.49	1.37	0.39	0.96	1.37	0.38	2.00	0.18	1.71	0.21	0.04	0.01	0.43
2005	1.08	1.53	25.01	1.41	0.50	1.04	1.24	0.40	2.07	0.17	1.75	0.23	0.04	0.01	0.39
2006	1.05	1.66	24.80	1.39	0.76	1.02	1.32	0.38	2.17	0.20	1.68	0.21	0.04	0.01	0.43
2007	1.11	1.72	23.33	1.55	0.71	1.02	1.37	0.35	2.30	0.36	1.64	0.79	0.04	0.01	0.43
2008	1.11	1.56	23.11	1.52	0.79	1.13	0.39	0.29	2.54	0.08	1.66	0.04	0.03	0.01	0.34
2009	1.20	1.59	23.64	1.52	0.65	1.27	0.68	0.26	2.76	0.19	1.82	0.03	0.04	0.01	0.32
2010	1.45	1.74	23.82	1.55	0.62	1.35	0.68	0.25	2.55	0.20	1.95	0.03	0.04	0.01	0.36
2011	1.58	1.70	23.30	1.76	0.63	1.62	0.99	0.23	2.70	0.22	2.17	0.03	0.04	0.01	0.78
2012	1.81	1.40	23.47	1.92	0.52	1.76	1.20	0.25	2.93	0.16	2.40	0.03	0.04	0.01	0.83

资料来源：根据历年各省市年鉴统计整理而得。

附录10 旅游产业结构生产力
分析有关数据

表1   海外旅游者人数构成与旅游外汇收入

年份	入境多外汇收入 （万美元）	外国人 （万人）	中国台湾 （万人）	中国香港 （万人）	中国澳门 （万）
2001	1622000	1122.4	344.2	5856.8	1577.4
2002	1779000	1344	366.1	6188	1892.8
2003	2040000	1140.3	273.3	5877.1	7875.6
2004	1741000	1693.2	368.5	6653.9	2188.1
2005	2574000	2025.5	410.8	7019.4	2573.5
2006	2930000	2220.8	441.2	7390.9	2440.8
2007	3400000	2611.1	462.8	7795	2318.6
2008	4191900	2432.5	438.6	7835	2296.6
2009	4084300	2193.8	448.6	7766.6	2272.1
2010	3967500	2612.8	514.1	7932.2	2317.3
2011	4581400	2711.2	526.5	7935.8	2369.2
2012	4846400	2719.2	534.2	7871.3	2116
2013	5002800	2629.01	516.36	4688.49	2074.28

表2   外国游客目的与外国人旅游外汇收入

年份	入境外汇收入 （亿美元）	探亲访友 （%）	会议/商务 （%）	观光休闲 （%）	其他 （%）
2002	46.46	3.45	27.06	46.7	22.79
2003	43.92	2.49	29.38	43.61	24.51
2004	49.10	2.48	25.44	48.83	23.25
2005	52.24	2.21	25.21	51.23	21.36
2006	55.16	0.85	27.58	56.33	15.25
2007	60.08	0.33	29.28	55.27	15.12
2008	58.02	0.31	25.93	54.099	18.77
2009	56.09	0.41	26.63	51.54	21.43
2010	58.36	0.38	26.19	52.32	21.11

表3

国际旅游外汇收入构成与旅游外汇收入

年份	国际旅游外汇收入（万美元）	国际旅游外汇收入中餐饮收入（万美元）	国际旅游外汇收入中游览收入（万美元）	国际旅游外汇收入中娱乐收入（万美元）	国际旅游外汇收入中住宿收入（万美元）	国际旅游外汇收入中长途交通收入（万美元）	国际旅游外汇收入中其他服务收入（万美元）	国际旅游外汇收入中商品销售收入（万美元）	国际旅游外汇收入中市内交通收入（万美元）	国际旅游外汇收入中邮电通信收入（万美元）
1995	873300	165774	35807	22923	183174	201714	46617	164071	28260	24937
1996	1020046	137600	45300	207400	180000	270700	66900	43200	30500	38400
1997	1207414	158700	66546	243800	183800	303016	89200	70500	44656	47352
1998	1260200	154800	54800	81000	173700	318500	123900	259100	44200	50200
1999	1410000	152800	74900	84500	203400	416500	106300	277100	53300	41100
2000	1622000	152300	75100	119300	220500	488000	140400	323100	53400	50300
2001	1779000	153900	80200	137700	224200	500500	179300	375400	60200	67900
2002	2040000	166000	143100	152500	256500	526000	213100	421100	88200	72000
2003	1741000	143100	122000	130200	216400	443800	182700	362000	78600	61800
2004	2574000	194200	130700	182500	312400	668800	308700	579800	108700	88100
2005	2930000	274800	122700	170200	377500	829400	329900	637800	103000	84400
2006	3400000	351200	98600	125300	489700	737600	300700	1120700	120100	51100
2007	4191900	374800	180000	211000	593800	1114300	468300	1049400	124200	76100
2008	4084300	387300	220200	297000	486000	1248700	356000	853400	135500	100200
2009	3967500	361400	208000	288200	443400	1174100	349100	914900	132900	95500
2010	4581400	411500	210700	317200	519500	1309100	401500	1159000	146000	106800
2011	4846400	359800	253200	346600	509800	1511700	414100	1185600	161900	103600
2012	5002800	374700	255500	361300	521100	1727800	406800	1115400	161000	79100

附录 11 旅游产业规模升级影响要素的多重相关性回归分析数据

年份	旅游收入(万元)	GDP(亿元)	人均GDP(元)	城镇居民EGR	城市化率	旅游外汇收入(万美元)	入境旅游人数(万人)	旅游服务贸易(%)	民航客运量(万人)	民用航空航线里程(公里)	铁路客运量(万人)	公路里程(公里)	旅行社数量(个)	星级饭店数(个)	旅游院校学生数量(人)
1992	4676612.6	26923.5	2311	53.04	27.5	394700	3811	43.37	2886	836600	731774	1056700	2594	1028	61449
1993	23045000	35333.9	2998	50.32	28	468300	4152	44.01	3383	960800	860719	1083500	3238	1186	82651
1994	16546474	48197.9	4044	50.04	28.5	732300	4368	44.65	4039	1045600	953940	1117800	4382	1556	102136
1995	21049928	60793.7	5046	50.09	29	873300	4638	47.46	5117	1128961	1040810	1157000	3826	1913	139260
1996	24864484	71176.6	5846	48.76	30.5	1020000	5112	49.51	5555	1166500	1122110	1185800	4252	2349	204263
1997	31136105	78973	6420	46.60	31.9	1207400	5758	49.28	5630	1425000	1204583	1226400	4986	2724	221504
1998	34345322	84402.3	6796	44.66	33.4	1260200	6347	52.73	5755	1505800	1257332	1278500	6222	5782	233797
1999	39990575	89677.1	7159	42.07	34.8	1409900	7279	53.81	6094	1522200	1269004	1351700	7326	7035	280868

续表

年份	旅游收入（万元）	GDP（亿元）	人均GDP（元）	城镇居民EGR	城市化率	旅游外汇收入（万美元）	入境旅游人数（万人）	旅游服务贸易（%）	民航客运量（万人）	民用航空航线里程（公里）	铁路客运量（万人）	公路里程（公里）	旅行社数量（个）	星级饭店数（个）	旅游院校学生数量（人）
2000	45182565	99214.6	7858	39.40	36.2	1622000	8344	53.89	6722	1502887	1347392	1679848	8993	10481	327938
2001	49950438	109655	8622	38.20	37.7	1779200	8901	54.08	7524	1553600	1402798	1698000	10532	7358	342793
2002	55656665	120333	9398	37.68	39.1	2038500	9790	51.74	8594	1637700	1475257	1765200	11552	8880	417022
2003	48829946	135823	10542	37.10	40.5	1740600	9166	37.51	8759	1749500	1464335	1809800	13361	9751	459004
2004	68410656	159878	12336	37.70	41.8	2573900	10904	41.45	12123	2049400	1624526	1870700	14927	10888	578622
2005	78908606	184937	14185	36.70	43	3180000	12029	43.03	13827	1998501	1697381	3345200	16245	11828	566493
2006	89360864	216314	16500	35.80	43.9	3394900	12494	37.14	15968	2113500	1860487	3456999	17957	12751	734854
2007	109581408	265810	20169	36.29	44.9	4191900	13187	34.46	18576	2343000	2050680	3583715	18943	13583	773757
2008	115858872	314045	23708	37.89	45.7	4084300	13003	27.89	19251	2462000	2682114	3730164	20110	14099	844604
2009	128938893	340903	25608	36.52	46.6	3967500	12648	30.85	23052	2345085	2779081	3860823	20399	14237	952438
2010	156811487	401513	30015	35.70	47.5	4581400	13376	26.91	26769	2765147	3052738	4008229	22784	13991	1086358
2011	224355828	472882	35181	36.30	47	4846400	13542		29317	3491000	3286220	4106387	23690	13513	1083300

附录 12　中国旅游产业升级的
规模增长指数

年份	旅游总收入	规模增长指数
1992	4676612.62	100
1993	23045000	493
1994	16546474.01	354
1995	21049928.3	450
1996	24864484	532
1997	31136104.52	666
1998	34345321.82	734
1999	39990575.17	855
2000	45182564.8	966
2001	49950438.4	1068
2002	55656664.5	1190
2003	48829946.2	1044
2004	68410655.52	1463
2005	78908606	1687
2006	89360863.82	1911
2007	109581407.6	2343
2008	115858871.9	2477
2009	128938892.5	2757
2010	156811487.3	3353
2011	224355828.3	4797
2012	258643437.5	5531

注：旅游收入单位：万元。

资料来源：有关数据来自《中国旅游统计年鉴》。

附录 13 中国旅游产业地位的比率指数

年份	旅游收入	国内生产总值	旅游收入GDP 占比	旅游外汇收入	服务贸易出口总额	旅游收入服务贸易占比
1992	4676612.62	26923.48	1.74	394700	910000	43.37
1993	23045000	35333.92	6.52	250000	1100000	22.73
1994	16546474	48197.86	3.43	732300	1640000	44.65
1995	21049928.3	60793.73	3.46	873300	1840000	47.46
1996	24864484	71176.59	3.49	1020000	2060000	49.51
1997	31136104.5	78973.03	3.94	1207400	2450000	49.28
1998	34345321.8	84402.28	4.07	1260200	2390000	52.73
1999	39990575.2	89677.05	4.46	1409900	2620000	53.81
2000	45182564.8	99214.55	4.55	1622000	3010000	53.89
2001	49950438.4	109655.17	4.56	1779200	3290000	54.08
2002	55656664.5	120332.69	4.63	2038500	3940000	51.74
2003	48829946.2	135822.76	3.60	1740600	4640000	37.51
2004	68410655.5	159878.34	4.28	2573900	6210000	41.45
2005	78908606	184937.37	4.27	3180000	7391000	43.03
2006	89360863.8	216314.43	4.13	3394900	9142000	37.14
2007	109581408	265810.31	4.12	4191900	12165000	34.46
2008	115858872	314045.43	3.69	4084300	14645000	27.89
2009	128938893	340902.81	3.78	3967500	12860000	30.85
2010	156811487	401512.8	3.91	4581400	17025000	26.91
2011	224355828	472881.56	4.74	4846400	—	—
2012	258643438	519322.1	4.98	5003000	—	—

注：旅游收入的单位是万元；国内生产总值的单位是万元；旅游外汇收入的单位是万美元；服务贸易出口总额单位是万美元。

资料来源：有关数据来自《中国统计年鉴》和《中国旅游统计年鉴》。

附录 14 旅游产业与有关产业的
全员劳动生产率

年份	旅游产业(万元)	旅行社行业(万元)	旅游饭店行业(万元)	旅游景区行业(万元)	建筑业(万元)	汽车工业(增加值)(万元)	成都电力机械厂(万元)	工程机械行业(万元)	广州水泵厂(万元)	郑州电力机械厂(万元)
2000	9.58	28.60	7.67	16.43	1.59	5.36	1.55	2.53	2.52	0.86
2001	9.70	30.65	7.26	7.02	1.76	6.93	1.97	3.40	2.93	2.28
2002	9.52	26.13	7.28	13.53	1.57	9.63	5.36	3.23	4.28	3.41
2003	10.32	31.01	7.52	8.62	1.75	13.43	7.02	9.60	4.07	5.89
2004	10.93	41.34	8.57	6.67	2.09	13.05	11.68	7.48	4.39	5.04
2005	12.27	44.86	8.88	5.64	2.34	13.35	18.76	8.77	4.02	5.65
2006	12.69	49.35	9.38	8.33	2.57	18.53	30.89	12.98	4.34	7.13
2007	14.86	53.23	9.87	9.85	2.89	21.02	25.88	13.14	5.21	8.58
2008	15.93	51.78	10.56	12.76	3.24	20.93	23.44	17.40	5.37	9.62
2009	16.47	58.47	10.87	11.06	3.76	25.59	34.56	19.58	5.52	8.24
2010	24.10	85.05	13.43	13.00	4.03	31.67	27.94	32.49	6.56	9.44
2011	27.10	95.80	15.00	17.48	4.54	36.76	35.26	46.88	6.90	10.56

资料来源：根据有关统计年鉴整理而得。

附录 15 旅游产业效率分解

年份	YYR	LLR	KKR	A 技术进步	资本引致	劳动引致	经济增长A 贡献	经济增长K 贡献	经济增长L 贡献
1991	0.154	0.053	0.107	0.078	0.046	0.030	0.507	0.298	0.195
1992	0.154	0.053	0.107	0.079	0.045	0.031	0.511	0.290	0.199
1993	0.154	0.053	0.107	0.080	0.043	0.031	0.516	0.281	0.203
1994	0.154	0.053	0.107	0.080	0.042	0.032	0.520	0.272	0.208
1995	0.154	0.053	0.107	0.081	0.040	0.033	0.525	0.262	0.212
1996	0.154	0.053	0.107	0.082	0.039	0.034	0.531	0.252	0.218
1997	0.154	0.053	0.107	0.083	0.037	0.034	0.537	0.240	0.223
1998	0.154	0.053	0.107	0.084	0.035	0.035	0.543	0.228	0.229
1999	0.154	0.053	0.107	0.085	0.033	0.036	0.550	0.215	0.236
2000	0.154	0.053	0.107	0.086	0.031	0.037	0.557	0.201	0.242
2001	0.154	0.053	0.107	0.087	0.029	0.039	0.564	0.186	0.250
2002	0.154	0.053	0.107	0.088	0.026	0.040	0.573	0.170	0.258
2003	0.154	0.053	0.107	0.090	0.024	0.041	0.581	0.153	0.266
2004	0.154	0.053	0.107	0.091	0.021	0.042	0.590	0.136	0.274
2005	0.154	0.053	0.107	0.093	0.018	0.044	0.599	0.118	0.283
2006	0.154	0.053	0.107	0.094	0.015	0.045	0.608	0.100	0.292
2007	0.154	0.053	0.107	0.095	0.013	0.046	0.617	0.083	0.300
2008	0.154	0.053	0.107	0.096	0.010	0.048	0.625	0.068	0.308
2009	0.154	0.053	0.107	0.098	0.008	0.049	0.633	0.052	0.316
2010	0.154	0.053	0.107	0.100	0.004	0.051	0.646	0.026	0.328
2011	0.154	0.053	0.107	0.100	0.004	0.051	0.646	0.026	0.328

资料来源：根据历年《中国旅游统计年鉴（副本）》中有关数据计算而得。

附录 16 旅游饭店行业效率分解

年份	YYR	LLR	KKR	A技术进步	资本引致	劳动引致	经济增长A贡献	经济增长K贡献	经济增长L贡献
1991	0.127	0.055	0.100	0.046	0.057	0.024	0.365	0.447	0.189
1992	0.127	0.055	0.100	0.046	0.057	0.024	0.365	0.446	0.189
1993	0.127	0.055	0.100	0.046	0.057	0.024	0.365	0.446	0.189
1994	0.127	0.055	0.100	0.046	0.056	0.024	0.365	0.445	0.189
1995	0.127	0.055	0.100	0.046	0.056	0.024	0.365	0.445	0.190
1996	0.127	0.055	0.100	0.046	0.056	0.024	0.365	0.445	0.189
1997	0.127	0.055	0.100	0.046	0.057	0.024	0.365	0.446	0.189
1998	0.127	0.055	0.100	0.046	0.057	0.024	0.365	0.446	0.189
1999	0.127	0.055	0.100	0.046	0.057	0.024	0.364	0.448	0.188
2000	0.127	0.055	0.100	0.046	0.057	0.024	0.363	0.450	0.187
2001	0.127	0.055	0.100	0.046	0.058	0.023	0.361	0.454	0.185
2002	0.127	0.055	0.100	0.045	0.058	0.023	0.359	0.460	0.182
2003	0.127	0.055	0.100	0.045	0.059	0.022	0.355	0.469	0.177
2004	0.127	0.055	0.100	0.044	0.062	0.021	0.347	0.485	0.168
2005	0.127	0.055	0.100	0.042	0.066	0.019	0.332	0.518	0.150
2006	0.127	0.055	0.100	0.037	0.076	0.013	0.294	0.603	0.103
2007	0.127	0.055	0.100	0.003	0.153	0.029	0.021	1.208	0.229
2008	0.127	0.055	0.100	0.073	0.003	0.057	0.577	0.024	0.447
2009	0.127	0.055	0.100	0.059	0.028	0.040	0.466	0.223	0.312
2010	0.127	0.055	0.100	0.056	0.036	0.035	0.439	0.281	0.279
2011	0.127	0.055	0.100	0.056	0.036	0.035	0.439	0.281	0.279

资料来源：根据历年《中国旅游统计年鉴（副本）》中有关数据计算而得。

附录17 旅行社行业效率分解

年份	YYR	LLR	KKR	A技术进步	资本引致	劳动引致	经济增长A贡献	经济增长K贡献	经济增长L贡献
1991	0.219	0.086	0.202	0.077	0.097	0.044	0.353	0.444	0.203
1992	0.219	0.086	0.202	0.078	0.097	0.045	0.354	0.442	0.204
1993	0.219	0.086	0.202	0.078	0.096	0.045	0.355	0.441	0.204
1994	0.219	0.086	0.202	0.078	0.096	0.045	0.356	0.438	0.205
1995	0.219	0.086	0.202	0.078	0.095	0.045	0.358	0.436	0.206
1996	0.219	0.086	0.202	0.079	0.095	0.045	0.359	0.434	0.207
1997	0.219	0.086	0.202	0.079	0.094	0.046	0.361	0.430	0.209
1998	0.219	0.086	0.202	0.079	0.093	0.046	0.363	0.427	0.210
1999	0.219	0.086	0.202	0.080	0.093	0.046	0.365	0.423	0.212
2000	0.219	0.086	0.202	0.081	0.092	0.047	0.368	0.418	0.214
2001	0.219	0.086	0.202	0.081	0.090	0.047	0.371	0.412	0.216
2002	0.219	0.086	0.202	0.082	0.089	0.048	0.375	0.405	0.219
2003	0.219	0.086	0.202	0.083	0.087	0.049	0.380	0.397	0.223
2004	0.219	0.086	0.202	0.085	0.085	0.050	0.386	0.386	0.227
2005	0.219	0.086	0.202	0.086	0.082	0.051	0.394	0.373	0.233
2006	0.219	0.086	0.202	0.088	0.078	0.053	0.404	0.356	0.240
2007	0.219	0.086	0.202	0.091	0.073	0.055	0.417	0.333	0.250
2008	0.219	0.086	0.202	0.095	0.067	0.057	0.434	0.304	0.262
2009	0.219	0.086	0.202	0.100	0.058	0.061	0.456	0.265	0.279
2010	0.219	0.086	0.202	0.106	0.048	0.065	0.483	0.218	0.299
2011	0.219	0.086	0.202	0.106	0.048	0.065	0.483	0.218	0.299

资料来源：根据历年《中国旅游统计年鉴（副本）》中有关数据计算而得。

附录 18 旅游景区行业效率分解

年份	YYR	LLR	KKR	A技术进步	资本引致	劳动引致	经济增长 A 贡献	经济增长 K 贡献	经济增长 L 贡献
2000	0.120	0.030	0.025	0.092	0.010	0.018	0.767	0.086	0.146
2001	0.120	0.030	0.025	0.092	0.009	0.019	0.765	0.076	0.159
2002	0.120	0.030	0.025	0.091	0.007	0.021	0.762	0.062	0.176
2003	0.120	0.030	0.025	0.091	0.005	0.024	0.758	0.043	0.199
2004	0.120	0.030	0.025	0.090	0.002	0.028	0.751	0.015	0.233
2005	0.120	0.030	0.025	0.089	0.003	0.034	0.743	0.024	0.281
2006	0.120	0.030	0.025	0.088	0.009	0.041	0.732	0.073	0.341
2007	0.120	0.030	0.025	0.087	0.014	0.047	0.722	0.117	0.395
2008	0.120	0.030	0.025	0.087	0.015	0.048	0.721	0.122	0.401
2009	0.120	0.030	0.025	0.088	0.009	0.041	0.731	0.076	0.344
2010	0.120	0.030	0.025	0.089	0.002	0.032	0.745	0.013	0.267
2011	0.120	0.030	0.025	0.089	0.002	0.032	0.745	0.013	0.267

资料来源：根据历年《中国旅游统计年鉴（副本）》中有关数据计算而得。

附录 19 旅游饭店和旅行社
行业效率分解

年份	YYR	LLR	KKR	A 技术进步	资本引致	劳动引致	经济增长A 贡献	经济增长K 贡献	经济增长L 贡献
1991	0.157	0.058	0.107	0.085	0.031	0.041	0.540	0.200	0.261
1992	0.157	0.058	0.107	0.085	0.032	0.041	0.539	0.201	0.260
1993	0.157	0.058	0.107	0.084	0.032	0.041	0.538	0.203	0.259
1994	0.157	0.058	0.107	0.084	0.032	0.040	0.537	0.205	0.258
1995	0.157	0.058	0.107	0.084	0.033	0.040	0.536	0.208	0.256
1996	0.157	0.058	0.107	0.084	0.033	0.040	0.535	0.211	0.255
1997	0.157	0.058	0.107	0.084	0.034	0.040	0.533	0.215	0.252
1998	0.157	0.058	0.107	0.083	0.034	0.039	0.531	0.220	0.250
1999	0.157	0.058	0.107	0.083	0.035	0.039	0.528	0.226	0.246
2000	0.157	0.058	0.107	0.082	0.037	0.038	0.524	0.234	0.242
2001	0.157	0.058	0.107	0.081	0.039	0.037	0.519	0.246	0.236
2002	0.157	0.058	0.107	0.080	0.041	0.036	0.512	0.261	0.227
2003	0.157	0.058	0.107	0.079	0.045	0.034	0.501	0.284	0.215
2004	0.157	0.058	0.107	0.076	0.050	0.031	0.485	0.318	0.196
2005	0.157	0.058	0.107	0.072	0.059	0.026	0.459	0.376	0.165
2006	0.157	0.058	0.107	0.065	0.075	0.017	0.411	0.481	0.108
2007	0.157	0.058	0.107	0.051	0.105	0.001	0.324	0.672	0.004
2008	0.157	0.058	0.107	0.035	0.141	0.019	0.221	0.897	0.118
2009	0.157	0.058	0.107	0.044	0.121	0.008	0.277	0.773	0.051
2010	0.157	0.058	0.107	0.064	0.076	0.016	0.408	0.487	0.105
2011	0.157	0.058	0.107	0.064	0.076	0.016	0.408	0.487	0.105

资料来源：根据历年《中国旅游统计年鉴（副本）》中有关数据计算而得。

附录20 旅游产业升级的规模与效率交叉分析

年份	规模增长指数	规模增长修正指数 A	A技术进步	规模增长修正指数 K	资本引致	规模增长修正指数 L	劳动引致
1991	—		0.078		0.046		0.03
1992	100	0.079	0.079	0.045	0.045	0.031	0.031
1993	493	0.38947	0.08	0.22185	0.043	0.15283	0.031
1994	354	0.27966	0.08	0.1593	0.042	0.10974	0.032
1995	450	0.3555	0.081	0.2025	0.04	0.1395	0.033
1996	532	0.42028	0.082	0.2394	0.039	0.16492	0.034
1997	666	0.52614	0.083	0.2997	0.037	0.20646	0.034
1998	734	0.57986	0.084	0.3303	0.035	0.22754	0.035
1999	855	0.67545	0.085	0.38475	0.033	0.26505	0.036
2000	966	0.76314	0.086	0.4347	0.031	0.29946	0.037
2001	1068	0.84372	0.087	0.4806	0.029	0.33108	0.039
2002	1190	0.9401	0.088	0.5355	0.026	0.3689	0.04
2003	1044	0.82476	0.09	0.4698	0.024	0.32364	0.041
2004	1463	1.15577	0.091	0.65835	0.021	0.45353	0.042
2005	1687	1.33273	0.093	0.75915	0.018	0.52297	0.044
2006	1911	1.50969	0.094	0.85995	0.015	0.59241	0.045
2007	2343	1.85097	0.095	1.05435	0.013	0.72633	0.046
2008	2477	1.95683	0.096	1.11465	0.01	0.76787	0.048
2009	2757	2.17803	0.098	1.24065	0.008	0.85467	0.049
2010	3353	2.64887	0.1	1.50885	0.004	1.03943	0.051
2011	4797	3.78963	0.1	2.15865	0.004	1.48707	0.051

资料来源：根据规模升级和效率升级有关数据整理而得。

附录21 旅游饭店行业升级的规模与效率交叉分析

年份	规模增长指数	规模增长修正指数 A	A技术进步	规模增长修正指数 K	资本引致	规模增长修正指数 L	劳动引致
1991	—		0.078		0.046		0.024
1992	100	0.046	0.046	0.057	0.057	0.024	0.024
1993	140	0.064562	0.046	0.08	0.057	0.033684	0.024
1994	216	0.099147	0.046	0.122856	0.057	0.051729	0.024
1995	291	0.133678	0.046	0.165644	0.056	0.069745	0.024
1996	337	0.155077	0.046	0.192161	0.056	0.08091	0.024
1997	388	0.17831	0.046	0.220949	0.056	0.093031	0.024
1998	431	0.198056	0.046	0.245417	0.057	0.103333	0.024
1999	422	0.19427	0.046	0.240726	0.057	0.101358	0.024
2000	448	0.206196	0.046	0.255504	0.057	0.107581	0.024
2001	457	0.210223	0.046	0.260494	0.057	0.109682	0.023
2002	405	0.186101	0.046	0.230603	0.058	0.097096	0.023
2003	521	0.239699	0.045	0.297018	0.058	0.12506	0.022
2004	485	0.222941	0.045	0.276253	0.059	0.116317	0.021
2005	657	0.301991	0.044	0.374206	0.062	0.157561	0.019
2006	714	0.328327	0.042	0.40684	0.066	0.171301	0.013
2007	786	0.361525	0.037	0.447976	0.076	0.188622	- 0.029
2008	873	0.401551	0.003	0.497575	0.153	0.209505	0.057
2009	934	0.429584	0.073	0.532311	- 0.003	0.224131	0.04
2010	964	0.443278	0.059	0.54928	0.028	0.231276	0.035
2011	1125	0.51751	0.056	0.641263	0.036	0.270005	0.035

资料来源：根据规模升级和效率升级有关数据整理而得。

附录 22 旅行社行业升级的规模与
效率交叉分析

年份	规模增长指数	规模增长修正指数 A	A 技术进步	规模增长修正指数 K	资本引致	规模增长修正指数 L	劳动引致
1991	100	0.077	0.077	0.097	0.097	0.044	0.044
1992	101	0.077786	0.078	0.09799	0.097	0.044449	0.045
1993	146	0.112534	0.078	0.141763	0.096	0.064305	0.045
1994	129	0.099149	0.078	0.124902	0.096	0.056656	0.045
1995	146	0.112218	0.078	0.141366	0.095	0.064125	0.045
1996	446	0.343346	0.079	0.432527	0.095	0.196198	0.045
1997	522	0.402299	0.079	0.506792	0.094	0.229885	0.046
1998	558	0.429342	0.079	0.540859	0.093	0.245338	0.046
1999	721	0.555066	0.08	0.699239	0.093	0.317181	0.046
2000	1046	0.805181	0.081	1.014319	0.092	0.460103	0.047
2001	1312	1.010521	0.081	1.272994	0.09	0.577441	0.047
2002	1453	1.118448	0.082	1.408953	0.089	0.639113	0.048
2003	1581	1.217611	0.083	1.533874	0.087	0.695778	0.049
2004	2265	1.743875	0.085	2.196829	0.085	0.9965	0.05
2005	2485	1.913098	0.086	2.410007	0.082	1.093199	0.051
2006	3140	2.417577	0.088	3.045519	0.078	1.381472	0.053
2007	3648	2.808675	0.091	3.538201	0.073	1.604957	0.055
2008	3706	2.853538	0.095	3.594716	0.067	1.630593	0.057
2009	6245	4.80854	0.1	6.057511	0.058	2.747737	0.061
2010	5238	4.033021	0.106	5.080559	0.048	2.304584	0.065
2011	6390	4.920312	0.106	6.198315	0.048	2.811607	0.065

资料来源：根据规模升级和效率升级有关数据整理而得。

附录 23 旅游景区行业升级的规模与效率交叉分析

年份	规模增长指数	规模增长修正指数 A	A技术进步	规模增长修正指数 K	资本引致	规模增长修正指数 L	劳动引致
2000	100	0.092	0.092	0.01	0.01	0.018	0.018
2001	102	0.0934437	0.092	0.010157	0.009	0.018282	0.019
2002	123	0.1129756	0.091	0.01228	0.007	0.022104	0.021
2003	122	0.1122258	0.091	0.012198	0.005	0.021957	0.024
2004	169	0.1558286	0.09	0.016938	0.002	0.030488	0.028
2005	185	0.1701092	0.089	0.01849	− 0.003	0.033282	0.034
2006	217	0.199846	0.088	0.021722	− 0.009	0.0391	0.041
2007	247	0.2269473	0.087	0.024668	− 0.014	0.044403	0.047
2008	257	0.236696	0.087	0.025728	− 0.015	0.04631	0.048
2009	347	0.3193733	0.088	0.034714	− 0.009	0.062486	0.041
2010	336	0.3091416	0.089	0.033602	− 0.002	0.060484	0.032
2011	389	0.3581756	0.089	0.038932	− 0.002	0.070078	0.032

资料来源：根据规模升级和效率升级有关数据整理而得。

附录 24　旅游饭店与旅行社行业升级的规模与效率交叉分析

年份	规模增长指数	规模增长修正指数 A	A 技术进步	规模增长修正指数 K	资本引致	规模增长修正指数 L	劳动引致
1991	100	0.085	0.085	0.031	0.031	0.041	0.041
1992	133	0.112867	0.085	0.041163	0.032	0.054442	0.041
1993	202	0.17186	0.084	0.062678	0.032	0.082897	0.041
1994	259	0.22055	0.084	0.080436	0.032	0.106383	0.04
1995	300	0.255261	0.084	0.093095	0.033	0.123126	0.04
1996	399	0.339015	0.084	0.123641	0.033	0.163525	0.04
1997	448	0.381001	0.084	0.138953	0.034	0.183777	0.04
1998	448	0.381095	0.083	0.138987	0.034	0.183822	0.039
1999	501	0.425591	0.083	0.155216	0.035	0.205285	0.039
2000	570	0.484715	0.082	0.176778	0.037	0.233803	0.038
2001	579	0.492321	0.081	0.179552	0.039	0.237472	0.037
2002	700	0.595227	0.08	0.217083	0.041	0.28711	0.036
2003	696	0.591277	0.079	0.215642	0.045	0.285204	0.034
2004	966	0.821004	0.076	0.299425	0.05	0.396014	0.031
2005	1054	0.896244	0.072	0.326865	0.059	0.432306	0.026
2006	1239	1.052916	0.065	0.384005	0.075	0.507877	0.017
2007	1407	1.195703	0.051	0.43608	0.105	0.576751	0.001
2008	1467	1.247065	0.035	0.454812	0.141	0.601526	−0.019
2009	1980	1.682662	0.044	0.613677	0.121	0.811637	−0.008
2010	1916	1.628755	0.064	0.594016	0.076	0.785635	0.016
2011	2220	1.887097	0.064	0.688235	0.076	0.910247	0.016

资料来源：根据规模升级和效率升级有关数据整理而得。

附录 25 国民经济产业效率分解

国民经济产业效率分解研究中：资本投入 K 选取的指标是城镇新增固定资产（单位：十亿元）、劳动投入 L 选取的指标是城镇新增就业人数（单位：万人）、产出 Y 选取的指标是城镇第二、第三产业的 GDP。通过对国民经济资本投入 K 和劳动投入 L 的时间趋势的拟合①，结合论文第四部分中式（4 – 6）和式（4 – 8）对其产业效率进行分解。在国民经济（城镇第二、第三产业）分解表中：YYR 表示产出增长率；LLR 表示劳动增长率；KKR 表示资本增长率；A 技术进步②表示全要素生产率；技术引致代表产出增长率中技术引致部分；资本引致表示产出增长率中资本引致部分；劳动引致表示产出增长率中劳动引致部分；经济增长 A 贡献是指产出增长中技术贡献的百分比；经济增长 K 贡献是指产出增长中资本贡献的百分比；经济增长 L 贡献是指产出增长中劳动贡献的百分比。

年份	YYR	LLR	KKR	A 技术进步	资本引致	劳动引致	经济增长 A 贡献	经济增长 K 贡献	经济增长 L 贡献
1995	0.260	0.160	0.139	0.080	(0.929)	1.929	0.021	(0.129)	0.308
1996	0.175	0.245	0.295	(0.025)	(0.912)	1.912	(0.004)	(0.269)	0.469
1997	0.129	0.160	0.139	(0.067)	(1.720)	2.720	(0.009)	(0.238)	0.434
1998	0.078	0.136	0.142	(0.067)	1.543	(0.543)	(0.005)	0.219	(0.074)
1999	0.077	0.143	0.094	(0.045)	0.437	0.563	(0.003)	0.041	0.081
2000	0.125	0.018	0.109	0.082	0.270	0.730	0.010	0.029	0.013

---

① $K(t) = 0.0835t^2 - 7.052t + 2.6157$ $R^2 = 0.8597$；$L(t) = 0.5946t + 3.9798$ $R^2 = 0.9712$，均满足研究要求。

② 技术进步 A 的拟合曲线是 $y = 0.0082t - 0.0341$ $R^2 = 0.192$。

续表

年份	YYR	LLR	KKR	A 技术进步	资本引致	劳动引致	经济增长A 贡献	经济增长K 贡献	经济增长L 贡献
2001	0.114	0.315	0.046	(0.142)	0.218	0.782	(0.016)	0.010	0.247
2002	0.106	0.066	0.144	0.025	0.200	0.800	0.003	0.029	0.053
2003	0.140	0.014	0.156	0.098	0.195	0.805	0.014	0.030	0.012
2004	0.169	0.011	0.213	0.118	0.195	0.805	0.020	0.042	0.009
2005	0.174	0.031	0.301	0.090	0.199	0.801	0.016	0.060	0.025
2006	0.183	0.005	0.245	0.130	0.203	0.797	0.024	0.050	0.004
2007	0.233	0.020	0.197	0.176	0.208	0.792	0.041	0.041	0.016
2008	0.183	0.024	0.255	0.110	0.212	0.788	0.020	0.054	0.019
2009	0.090	0.060	0.348	(0.032)	0.217	0.783	(0.003)	0.075	0.047
2010	0.180	0.120	0.202	0.042	0.222	0.778	0.008	0.045	0.093

资料来源：根据有关年鉴中的数据计算而得。

附录 26　第三产业效率分解

第三产业效率分解研究中：资本投入 K 选取的指标是第三产业固定资产投资额（单位：千亿元）、劳动投入 L 选取的指标是第三产业从业人员数（单位：亿人）、产出 Y 选取的指标是第三产业增加值（单位：亿元）。通过对第三产业资本投入 K 和劳动投入 L 的时间趋势的拟合[1]，结合论文第四部分中式（4 - 6）和式（4 - 8）对其产业效率进行分解。在第三产业效率分解表中：YYR 表示产出增长率；LLR 表示劳动增长率；KKR 表示资本增长率；A 技术进步[2]表示全要素生产率；技术引致代表产出增长率中技术引致部分；资

---

[1]　$K(t) = 0.0419t^3 - 0.7832t^2 + 5.0598t - 5.0773$　$R^2 = 0.9969$；$L(t) = 0.0707t + 1.1864$　$R^2 = 0.988$，均满足研究要求。

[2]　技术进步 A 的拟合曲线是 $y = 0.0013t + 0.089$　$R^2 = 0.0427$。

本引致表示产出增长率中资本引致部分；劳动引致表示产出增长率中劳动引致部分；经济增长 A 贡献是指产出增长中技术贡献的百分比；经济增长 K 贡献是指产出增长中资本贡献的百分比；经济增长 L 贡献是指产出增长中劳动贡献的百分比。

年份	YYR	LLR	KKR	A 技术进步	资本引致	劳动引致	经济增长 A 贡献	经济增长 K 贡献	经济增长 L 贡献
1991	0.246	0.033	0.246	0.103	0.012	0.032	0.419	0.048	0.952
1992	0.275	0.058	0.621	0.145	0.080	0.051	0.526	0.129	0.871
1993	0.273	0.081	0.725	0.024	0.189	0.060	0.089	0.261	0.739
1994	0.358	0.095	0.317	0.152	0.158	0.048	0.424	0.500	0.500
1995	0.235	0.088	0.121	0.120	0.097	0.017	0.511	0.802	0.198
1996	0.168	0.062	0.108	0.073	0.076	0.019	0.436	0.700	0.300
1997	0.157	0.028	0.147	0.082	0.058	0.017	0.521	0.396	0.604
1998	0.133	0.023	0.321	0.040	0.075	0.018	0.304	0.233	0.767
1999	0.108	0.018	0.058	0.083	0.009	0.015	0.771	0.161	0.839
2000	0.143	0.032	0.045	0.109	0.006	0.028	0.763	0.129	0.871
2001	0.146	0.017	0.101	0.119	0.011	0.015	0.817	0.114	0.886
2002	0.125	0.039	0.073	0.082	0.008	0.035	0.656	0.108	0.892
2003	0.122	0.031	1.423	0.082	0.150	0.028	0.670	0.106	0.894
2004	0.153	0.052	0.224	0.083	0.024	0.046	0.541	0.106	0.894
2005	0.160	0.031	0.195	0.111	0.021	0.028	0.694	0.108	0.892
2006	0.182	0.030	0.234	0.129	0.026	0.027	0.711	0.110	0.890
2007	0.257	0.011	0.238	0.221	0.027	0.010	0.858	0.113	0.887
2008	0.180	0.028	0.248	0.126	0.029	0.025	0.701	0.116	0.884
2009	0.127	0.031	0.338	0.060	0.040	0.027	0.470	0.120	0.880
2010	0.173	0.018	0.252	0.126	0.031	0.016	0.727	0.123	0.877
2011	0.182	0.036	0.119	0.136	0.015	0.032	0.744	0.126	0.874
2012	0.128	0.015	0.207	0.088	0.027	0.013	0.689	0.129	0.871

资料来源：根据历年《中国统计年鉴》中的数据计算而得。

附录Ⅱ：有关的论文与文献目录

附录 1 博士就读期间有关发表论文目录

[1] 吕本勋、罗明义：《旅游业作为战略性支柱产业的内涵与外延》，《旅游论坛》2011 年第 6 期，第 40—44 页。

[2] 吕本勋：《中国旅游强国之路：回顾与展望》，《旅游研究》2012 年第 2 期，第 88—94 页。

[3] 吕本勋：《东盟五国赴中国大陆旅游市场分析与开拓研究》，《广西民族大学学报》（哲学社会科学版）2013 年第 6 期，第 108—111 页。

该文被中国人民大学报刊复印资料《旅游管理》2014 年第 3 期全文转载。

附录 2 2009 年 12 月以来国家政府政策文献目录

[1] 2009 年 12 月《国务院关于加快发展旅游业的意见》。

[2] 2009 年 12 月《国务院关于推进海南国际旅游岛建设发展的若干意见》。

[3] 2010 年 7 月《国务院办公厅印发贯彻落实国务院关于加快发展旅游业意见重点工作分工方案的通知》。

［4］2012年2月国家旅游局等《关于金融支持旅游业加快发展的若干意见》。

［5］2012年12月《国务院关于进一步做好旅游等开发建设活动中文物保护工作的意见》。

［6］2012年6月国家旅游局《关于鼓励和引导民间资本投资旅游业的实施意见》。

［7］2013年2月《国务院办公厅关于印发国民旅游休闲纲要（2013—2020年）的通知》。

［8］2014年8月《国务院关于促进旅游业改革发展的若干意见》。

［9］2014年9月《国务院关于同意建立国务院旅游工作部际联席会议制度的批复》。

［10］2014年12月《国务院办公厅关于印发《国务院关于促进旅游业改革发展的若干意见》任务分解表的通知》。

［11］2015年1月《2015年全国旅游工作会议报告》。

［12］2015年8月《国务院办公厅关于进一步促进旅游投资和消费的若干意见》。

［13］2015年12月《国土资源部住房和城乡建设部国家旅游局关于支持旅游业发展用地政策的意见》。

［14］2015年9月16日《人民要论：加快从旅游大国向旅游强国迈进》。

［15］2015年9月20日李金早：《相融相盛健康同行大力促进我国"旅游＋互联网"又好又快发展》。

［16］2015年10月《汪洋：坚持以转变发展方式为核心推动我国从旅游大国向旅游强国迈进》。

［17］2016年2月《国务院办公厅关于加强旅游市场综合监管的通知》。

参考文献

一 期刊论文

[1] 卞显红：《创新网络，集群品牌视角的旅游产业集群升级研究——以杭州国际旅游综合体为例》，《地域研究与开发》2012年第3期。

[2] 白廷斌：《旅游与发展：一个分析框架的形成与演变》，《旅游学刊》2010年第4期。

[3] 陈淑兰、刘立平：《河南省旅游产业结构优化升级研究——基于文化创意视角》，《经济地理》2011年第8期。

[4] 兰珊：《从结构优化升级入手把桂林旅游推上新台阶》，《计划与市场探索》1998年第10期。

[5] 丁宗胜：《度假旅游——无锡旅游产业升级的新高地》，《商场现代化》2006年第11期。

[6] 邓艳萍：《江西温泉旅游资源深度开发策略研究——基于旅游转型升级的视角》，《求实》2011年第9期。

[7] 董嘉鹏：《转型升级背景下旅游形象定位于城市营销》，《中国商贸》2012年第15期。

[8] 樊信友、张玉蓉：《传统旅游景区升级的驱动模式及路径选择》，《经济问题探索》2012年第7期。

[9] 高凌江：《北京旅游产业素质升级的机理分析及其建议》，《中国经贸导刊》2010年第29期。

[10] 高颖：《昆明城市文化旅游创意升级的思考》，《中国商贸》2010年第26期。

[11] 胡雪君：《旅游产业升级的思路研究——以千岛湖为例》，《特

区经济》2008 年第 4 期。

[12] 胡敏：《我国乡村旅游专业合作组织的发展和转型——兼论乡村旅游发展模式的升级》，《旅游学刊》2009 年第 2 期。

[13] 胡晓晶、李江风：《资源型城市转型中旅游产业升级研究——以六盘水为例》，《林业经济》2012 年第 2 期。

[14] 黄蔚艳：《我国区域旅游产业结构升级研究》，《经济地理》2009 年第 4 期。

[15] 黄沛、陆雅婷：《基于消费结构升级的旅游产品创新》，《商业时代》2009 年第 6 期。

[16] 黄顺红、梁陶：《旅游产业转型升级策略研究——以四川省古蔺县为例》，《中国商贸》2011 年第 6 期。

[17] 黄月玲：《基于传统旅游地产业升级的桂林区域休闲旅游体系构建》，《江苏商论》2012 年第 5 期。

[18] 黄永久：《在新的起点上把南宁市旅游业培育成战略性支柱产业》，《中共南宁市委党校学报》2010 年第 6 期。

[19] 韩永来、吴正治、孙岩：《体育旅游推进产品开发及流通链升级》，《中国商贸》2009 年第 17 期。

[20] 何建民：《上海旅游业培育成战略性支柱产业的要求、路径潜力与对策研究》，《旅游学刊》2011 年第 5 期。

[21] 何莉萍：《基于文化创意的旅游产业优化升级研究》，《中国商贸》2011 年第 2 期。

[22] 江金波：《论客家文化旅游及其产品开发创新——剧场化、园区化与产品的整合升级》，《热带地理》2009 年第 2 期。

[23] 金卫东：《中国旅游产业"理性发展"刍议》，《旅游学刊》2010 年第 2 期。

[24] 计金标：《促进旅游业成为战略性支柱产业》，《中国财政》2010 年第 12 期。

[25] 贾玉成、黄国良、张文祥：《延展旅游高职教育层次，适应战略性支柱产业的人才需求》，《旅游论坛》2011 年第 1 期。

[26] 刘文波、丁力：《网络化：我国旅游产业结构升级的必然选

择》，《商业经济与管理》2009 年第 12 期。

[27] 刘少和：《全球化、经济社会转型与旅游转型升级》，《旅游学刊》2009 年第 8 期。

[28] 刘茂松：《从产业集群视角研究旅游产业结构调整路径选择的力作——读王兆峰教授新著〈基于产业集群的旅游产业结构升级优化研究〉》，《吉首大学学报》（社会科学版）2010 年第 6 期。

[29] 刘站慧：《韶关市乡村旅游产业转型升级的路径与对策》，《广东农业科学》2012 年第 3 期。

[30] 李悦铮：《产业结构调整与旅游发展》，《旅游学刊》2010 年第 3 期。

[31] 李颜：《基于转型升级的广东文化旅游发展研究》，《商业研究》2010 年第 4 期。

[32] 李传恒：《服务业价值链扩张与区域旅游产业升级——邮轮产业实证研究》，《山东大学学报》2007 年第 4 期。

[33] 李雪瑞、黄细嘉、田凤娟、刘玲：《鄱阳湖生态经济区旅游产业升级研究——以创意产业为动力》，《特区经济》2011 年第 6 期。

[34] 李志勇：《推进"大旅游"工程，打造战略性支柱产业》，《中共南宁市委党校学报》2010 年第 2 期。

[35] 李伟：《旅游业"战略性支柱产业"如何定位》，《经济导刊》2010 年第 4 期。

[36] 李芳、颜琪：《旅游规划助推旅游业成为战略性支柱产业的创新思考》，《企业研究》2011 年第 6 期。

[37] 李仲广、宋慧林：《中国旅游业增长的要素贡献率》，《辽宁工程技术大学学报》（社会科学版）2008 年第 2 期。

[38] 吕本勋、罗明义：《旅游业作为战略性支柱产业的内涵与外延》，《旅游论坛》2011 年第 6 期。

[39] 吕本勋：《中国旅游强国之路：回顾与展望》，《旅游研究》2012 年第 2 期。

［40］罗明义:《对把旅游业培育成国民经济的战略性支柱产业的认识》,《经济问题探索》2010 年第 6 期。

［41］罗文斌等:《旅游发展与经济增长、第三产业增长动态关系:基于中国 1978—2008 数据的实证检验》,《旅游学刊》2012 年第 10 期。

［42］陆羽、邝国良:《"产业升级"的理论内核及研究思路述评》,《产业经济》2009 年第 10 期。

［43］蓝照光:《升级转型视域下柳州体育旅游产业群的构建模式研究》,《江苏商论》2011 年第 5 期。

［44］赖志明、李维:《海南旅游产业转型升级研究》,《中国商贸》2011 年第 9 期。

［45］林朝晖:《把旅游业作为厦门战略性支柱产业来做》,《厦门特区党校学报》2011 年第 1 期。

［46］马波:《奥运旅游当以产业升级为重》,《旅游学刊》2007 年第 8 期。

［47］马波:《旅游业战略性产业定位及其实现》,《旅游学刊》2010 年第 2 期。

［48］马琳、付景保:《从出境旅游外汇漏损谈旅游贸易中的产业升级》,《旅游学刊》2011 年第 8 期。

［49］马丽仪、范蓓、田彩云、田玲:《旅游服务价值链与我国旅游产业升级》,《江苏商论》2010 年第 10 期。

［50］马龙龙:《基于结构视角的乡村旅游升级发展研究》,《吉首大学学报》(社会科学版)2011 年第 2 期。

［51］马治鸾:《成都乡村旅游产品优化与升级新思路》,《西南民族大学学报》(人文社会科学版)2008 年第 11 期。

［52］孟令岩:《推进辽宁旅游服务贸易升级的几点建议》,《中国经贸导刊》2010 年第 9 期。

［53］麻学锋:《旅游产业结构升级的动力机制与动态演化研究》,《新疆社会科学》2010 年第 5 期。

［54］覃文乐:《深化景区门票价格改革 推动旅游产业转型升

级——关于张家界市景区景点门票价格改革有关问题的思考》,《价格理论与实践》2010 年第 7 期。

[55] 孙名源:《推动云南旅游产业转型升级》,《中国财政》2010 年第 12 期。

[56] 邵小慧、雷石标、罗艳菊:《国际旅游岛视角下海南旅行社产业转型升级的路径与对策》,《特区经济》2010 年第 4 期。

[57] 苏振:《基于旅游产业演进的我国旅游公共政策研究》,博士学位论文,云南大学,2011 年。

[58] 唐晓云:《信息技术推动我国旅游产业转型升级的探讨》,《商业时代》2010 年第 25 期。

[59] 吴必虎、伍佳:《中国乡村旅游发展产业升级问题》,《旅游学刊》2007 年第 3 期。

[60] 吴殿廷、王丽华、王素娟、朱桃杏、王瑜:《把旅游业建设成为战略性支柱产业的必要性、可能性及战略对策》,《中国软科学》2010 年第 9 期。

[61] 吴俊:《县域旅游转型升级中的路径依赖,创造及突破——以浙江省淳安县为例》,《商业经济与管理》2010 年第 5 期。

[62] 王三北、高亚芳:《价值理性的回归民族社区旅游发展中文化传承功能的升级演进》,《民族研究》2008 年第 5 期。

[63] 王群:《中国旅游企业在转型升级中要走国际之路创民族品牌》,《旅游学刊》2009 年第 9 期。

[64] 王琴琴:《我国旅游产业升级特征,动因及其发展思路》,《中国财政》2010 年第 2 期。

[65] 王兆峰:《湖南旅游产业转型与结构升级优化研究》,《湖南科技大学学报》(社会科学版)2011 年第 1 期。

[66] 王兆峰、杨卫书:《基于演化理论的旅游产业结构升级优化研究》,《社会科学家》2008 年第 10 期。

[67] 王兆峰:《基于产业集群的旅游产业结构升级优化的传导机制与途径研究》,《财经理论与实践》2011 年第 1 期。

[68] 王兆峰:《基于产业集群的旅游产业结构升级优化动力机制研

究》,《山东社会科学》2011 年第 10 期。

[69] 王小兰:《基于结构视角的乡村旅游升级发展研究——以成都市郫县农科村为例》,《农村经济》2011 年第 4 期。

[70] 王慧、张岩、谢倩:《农业旅游发展的实证分析与产业升级策略——以辽宁省沈阳市为例》,《改革与战略》2012 年第 11 期。

[71] 王连巧等:《河北省太行山区生态旅游品牌升级研究》,《中国经贸导刊》2012 年第 12 期。

[72] 王玉川、姚启俊:《旅游业:国民经济的战略性支柱产业》,《江淮》2010 年第 6 期。

[73] 王健:《把旅游业培育成战略性支柱产业的两个根本性保障系统》,《旅游科学》2010 年第 5 期。

[74] 王晋卿:《评述王兆峰新著〈基于产业集群的旅游产业结构升级优化研究〉》,《商业研究》2011 年第 3 期。

[75] 王航宇、孙玲、王计平:《基于 ARCH 和 GARCH 模型的重大事件对中国旅游业影响研究——以旅游业作为战略性支柱产业为例》,《淮海工学院学报》(自然科学版)2012 年第 4 期。

[76] 王旺青:《旅游产业转型升级研究探讨——以河南省为例》,《生产力研究》2012 年第 3 期。

[77] 谢春山、魏巍:《辽宁省旅游产业转型升级对策研究》,《财经问题研究》2009 年第 12 期。

[78] 谢彦君:《旅游的本质及其认识方法:从学科自觉的角度看》,《旅游学刊》2010 年第 1 期。

[79] 徐云松、邓德智:《杭州西湖旅游产品与升级的思考》,《商业经济与管理》2004 年第 6 期。

[80] 徐胜兰、陈洪德:《溶洞旅游产品升级研究——以兴文天泉洞为例》,《安徽农业科学》2009 年第 13 期。

[81] 徐文燕:《试论服务创新视角下的旅游产业转型与升级》,《学术交流》2010 年第 12 期。

[82] 徐福英、刘涛:《新形势下我国乡村旅游转型与升级研究》,

《农业经济》2010 年第 2 期。

[83] 徐云松、詹兆宗:《旅游公共服务体系建设促杭州转型升级》,《旅游学刊》2012 年第 2 期。

[84] 辛儒、张淑芬:《产业化与产业升级是开发和保护非物质文化遗产的新思路——以河北曲阳石雕与旅游开发为例》,《生产力研究》2010 年第 5 期。

[85] 肖海平、谷人旭、陈敏、杜涛:《基于旅游满意度的旅游目的地转型升级策略研究——以郴州市为例》,《世界地理研究》2011 年第 3 期。

[86] 易军:《以奥运为契机推进大连旅游产业升级》,《瞭望》2008 年第 16 期。

[87] 袁绪祥、王清荣:《加快推动桂林旅游产业转型升级的若干思考》,《社会科学家》2009 年第 12 期。

[88] 袁海霞:《基于中原经济区建设的旅游产业升级研究》,《中国商贸》2012 年第 4 期。

[89] 杨洪、邹家红、朱湖英:《湖南省红色旅游后优化升级研究》,《经济地理》2010 年第 12 期。

[90] 杨振之、李枫:《度假旅游发展与区域旅游业的转型升级》,《旅游学刊》2010 年第 12 期。

[91] 杨阿莉:《基于生态理念的丝绸之路旅游产品结构优化与升级研究》,《西北师范大学学报》(自然科学版) 2010 年第 1 期。

[92] 杨琴、王兆峰:《旅游产业结构升级优化技术创新模型的构建——以湖南为例》,《求索》2009 年第 10 期。

[93] 杨阿莉:《基于生态理念的丝绸之路旅游产品结构优化与升级研究》,《旅游学刊》2010 年第 1 期。

[94] 杨阿莉:《从产业融合视角认识乡村旅游的优化升级》,《旅游学刊》2011 年第 4 期。

[95] 杨主泉:《生态旅游产业转型升级驱动模型构建研究》,《生态经济》2011 年第 25 期。

[96] 张晶:《基于旅游产业链视角下对转型的思考——以贵州乡村

旅游为例》，《林业经济》2012 年第 5 期。

[97] 诸丹、袁力：《现代农业发展方式创新创意农业助推乡村旅游升级发展——以四川省成都市为例》，《农业经济》2009 年第 9 期。

[98] 朱铨、王贞力：《转型升级背景下浙南欠发达山区的旅游可持续发展对策研究——以丽水市为例》，《中南林业科技大学学报》2010 年第 3 期。

[99] 赵纯、李雪峰、和沁、徐健、蔡雯：《转型升级中的云南省丽江市文化旅游产业》，《思想战线》2011 年第 5 期。

[100] 詹捍东：《关于我国旅游业"战略性支柱产业"定位的思考》，《商业时代》2010 年第 24 期。

[101] 周涛：《让老区文化旅游成为战略性支柱产业》，《中国老区建设》2012 年第 6 期。

[102] Anne – Mette, H., "Repairing innovation defectiveness in tourism", *Tourism Management*, Vol. 23, 2002: 465 – 474.

[103] Adam Blake M., "Thea Sinclair and Juan Antonio Campos Soria", Tourism productivity: Evidence from the United Kingdom, *Annals of Tourism Research*, Vol. 33 (4), 2006: 1099 – 1120.

[104] Cooper, C. and Fletcher, J. and Noble, A. and Westlake, J., "Changing tourism demand in Central Europe: the case of Romanian tourist spas", *Journal of Tourism Studies*, Vol. 6, 1995: 30 – 44.

[105] Carlos P. Barros and Fernando P. Alves. Productivity in the tourism industry [EB/OL], http://link. springer. com/article/10. 1007/BF02296216#page – 2, 2014 – 03 – 26.

[106] Gereffi, G., "International trade and industrial upgrading in the apparel commodity chain", *Journal of International Economics*, Vol. 48, 1999: 37 – 70.

[107] Humphrey, J. and Schmitz, H., "How does insertion in global value chains affect upgrading in industrial clusters", Regional

Studies, Vol. 36, 2002: 1017 – 10271.

[108] Julie Jackson, Peter Murphy, "Clusters in regional tourism An Australian case", *Annals of Tourism Research*, Vol. 33 (4), 2006: 1018 – 1035.

[109] Marina Novelli, Birte Schmitz, Trisha Spencer., "Networks, clusters and innovation in tourism: A UK experience", *Tourism Management*, Vol. 27 (6), 2006: 1141 – 1152.

[110] Michelle, C. and Karina, F. and Ghada, A. and Gary, G., "The Tourism global value chain: economic upgrading and work-force development", Gary, G., and Karina, F. and Phil, P. Skill for Upgrading: Workforce Development and Global Value Chains in Developing Countries, Center on Globalization, Governance & Competitiveness, Duke University, November 17, 2011.

[111] Peter J. Buckley., "Tourism in the centrally – planned economies of Europe", *Annals of Tourism Research*, Vol. 17 (1), 1990: 7 – 18.

[112] Poon, TSC., "Beyond the global production net works: a case of further upgrading of Taiwan's information technology industry", *Technology and Globalization*, Vol. 1, 2004: 130 – 1451.

[113] Patrice Braun., "Creating value to tourism products through tourism networks and clusters: Uncovering destination value chains", OECD & Korea Conference "Global Tourism Growth: A Challenge for SMEs".

[114] Paris A. Tsartas and Dimitrios G. Lagos, "Critical Evaluation of the Greek Tourism Policy", Elias G Carayannis, George M. Korres. European Socio – Economic Integration: Challenges, Opportunities and Lessons, London: Springer New York Heidelberg Dordrecht, 2013: 203 – 221.

[115] Sheela Agarwal., "Restructuring Seaside Tourism: The Resort Lifecycle", *Annals of Tourism Research*, Vol. 29 (1), 2002:

25 - 55.

［116］ The Conference Board of Canada. Canadian Tourism Industry Benchmark Study: Where Do We Rank in the Context of the Canadian Economy? ［EB/OL］, http: //en - corporate. canada. travel/sites/default/files/pdf/Research/Industry - research/Economic - political - impacts/CanadianTourismIndustryBenchmarking_ EN. pdf, ［2014 - 03 - 26］.

二 书籍论著

［1］ A. H. Studenmund:《应用计量经济学》, 杜江、李恒译, 机械工业出版社 2011 年版。

［2］ 查尔斯·R. 格德纳等:《旅游学》(第 10 版), 中国人民大学出版社 2010 年版。

［3］ 蔡红:《中国高端旅游市场: 定位与开发》, 中国经济出版社 2009 年版。

［4］ 道格拉斯·C. 诺思等:《理解经济变迁过程》, 中国人民大学出版社 2008 年版。

［5］ 道格拉斯·C. 诺思等:《制度、制度变迁与经济绩效》, 格致出版社、上海三联书店 2008 年版。

［6］ 道格拉斯·C. 诺思:《经济史上的结构和变革》, 厉以平译, 商务印书馆 1999 年版。

［7］ 戴斌、周晓歌:《北京市非传统旅游资源与产业成长研究》, 高等教育出版社 2009 年版。

［8］ 樊欢欢、张凌云:《Eviews 统计分析与应用》, 机械工业出版社 2009 年版。

［9］ 冯翔:《欧洲旅游: 关于产业发展及组织管理的全新研究》, 中国旅游出版社 2009 年版。

［10］ 高煜:《国内价值链构建中的产业升级机理研究》, 中国经济出版社 2011 年版。

［11］ 广西壮族自治区旅游局:《旅游业对国民经济贡献率研究 (中英文本)》, 中国旅游出版社 2004 年版。

[12] 贾根良：《演化经济学》，山西人民出版社 2004 年版。

[13] 金明善：《战后日本产业政策》，航空工业出版社 1988 年版。

[14] 罗明义：《旅游经济分析：理论、方法和案例》，云南大学出版社 2010 年版。

[15] 罗明义：《旅游经济学（分析方法案例）》，南开大学出版社 2005 年版。

[16] 罗明义：《旅游经济学原理》，复旦大学出版社 2004 年版。

[17] 刘住：《旅游学学科体系框架与前沿领域》，中国旅游出版社 2008 年版。

[18] 刘金山：《宏观经济数量分析——方法及应用》，经济科学出版社 2005 年版。

[19] 刘魏、陈昭：《计量经济学软件：Eviews 操作简明教程》，暨南大学出版社 2009 年版。

[20] 林红：《中国服务贸易竞争力研究：旅游业的案例》，中国经济出版社 2009 年版。

[21] 雷晓明：《劳动价值论研究》，中山大学出版社 2002 年版。

[22] 李炳义：《旅游经济学》，高等教育出版社 2011 年版。

[23] M. 瑟尔·辛克莱、麦克斯·特布勒：《旅游经济学》，高等教育出版社 2004 年版。

[24] 彭顺生：《世界旅游发展史》，中国旅游出版社 2006 年版。

[25] 潘建民：《旅游城市产业结构优化研究》，中国旅游出版社 2008 年版。

[26] 彭青：《旅游经济学》，东北财经大学出版社 2007 年版。

[27] 宋海岩等：《旅游经济学》，中国人民大学出版社 2010 年版。

[28] 孙敬水主编：《计量经济学》，清华大学出版社 2004 年版。

[29] 陶汉军、陶晓红：《旅游经济学》（原理与应用），上海人民出版社 2010 年版。

[30] 童光荣、何耀：《计量经济学实验教程》，武汉大学出版社 2008 年版。

[31] 田中景：《日本经济：过去·现状·未来》，中国经济出版社

2004 年版。

[32] 王传宝：《全球价值链视角下地方产业集群升级机理研究：以浙江产业集群升级为例》，浙江大学出版社 2010 年版。

[33] 王云龙：《新兴旅游产业问题研究》，南开大学出版社 2007 年版。

[34] 魏小安：《新时期中国旅游发展战略研究》，中国旅游出版社 2010 年版。

[35] 魏小安：《旅游业态创新与新商机》，中国旅游出版社 2009 年版。

[36] 魏小安、韩健民：《旅游强国之路》，中国旅游出版社 2003 年版。

[37] 威廉·S. 里斯：《旅游经济学》，东北财经大学出版社 2009 年版。

[38] 吴喜之：《统计学：从概念到数据分析》，高等教育出版社 2010 年版。

[39] 许春晓：《湖南省旅游产业转型与结构优化升级研究》，湖南大学出版社 2009 年版。

[40] 杨春宇：《旅游地发展研究新论——旅游地复杂系统演化理论、方法和运用》，科学出版社 2010 年版。

[41] 杨公朴等主编：《产业经济学》，复旦大学出版社 2005 年版。

[42] 殷红、金永红编著：《计量经济学理论与方法》，清华大学出版社 2010 年版。

[43] 于俊年：《计量经济学软件——Eviews 使用》，对外经济贸易大学出版社 2006 年版。

[44] 中华人民共和国国家旅游局：《中国旅游统计年鉴副本（2002—2012）》，中国旅游出版社 2002—2012 年各年度出版。

[45] 中华人民共和国国家旅游局：《中国旅游统计年鉴（1992—2001）》，中国旅游出版社 1992—2001 年各年度出版。

[46] 中国旅游研究院：《中国旅游评论（2011）》，旅游教育出版

社出版 2011 年版。

[47] 中国旅游研究院：《中国区域旅游发展年度报告（2010—2011）》，中国旅游出版社 2011 年版。

[48] 中国旅游研究院：《旅游业发展的浙江模式》，中国旅游出版社 2011 年版。

[49] 中国旅游研究院：《中国旅游研究 30 年专家评论（1978—2008）》，中国旅游出版社 2009 年版。

[50] 张辉等：《中国旅游产业转型年度报告（2009）》，旅游教育出版社 2010 年版。

[51] 张辉：《中国旅游产业发展模式及运行方式研究》，中国旅游出版社 2011 年版。

[52] 张辉、魏翔：《新编旅游经济学》，南开大学出版社 2007 年版。

[53] 张广瑞等：《2011 年中国旅游发展分析与预测（2011 版）》，社会科学文献出版社 2011 年版。

[54] 臧旭恒、刘国亮等：《新经济增长路径——消费需求扩张理论与政策研究》，商务印书馆 2010 年版。

[55] 张保法：《经济预测与经济决策》，经济科学出版社 2004 年版。

[56] 赵晋平：《走向新起点——日本的经济复苏之路与中日经济关系》，中国人民大学出版社 2009 年版。

后　记

　　《中国旅游产业升级的规模与效率研究》一书是在我的博士毕业论文基础上完善而成的。在该书稿写作和评审过程中，得到了导师罗明义教授、有关导师（杜靖川教授、田里教授、杨桂华教授、吕宛青教授和雷晓明研究员等）和答辩专家（杨先明教授、罗淳教授和叶文教授等）的指导、点拨和鞭策。要特别感谢云南大学发展研究院院长杨先明教授在答辩之后对该书的肯定和积极评价，使得我对自己的研究成果信心倍增。

　　在该书即将付梓印刷之际，心情高兴，但依然忐忑。毕业两年来，关于该书所研究对象及有关问题时常萦绕在我的脑海里，导师们和专家的点评和拷问也让我反复思考问题的出发点和研究的路径。有的问题得到了较好的解决，个别问题的疑问依然存在，仍有些问题我还在坚持自己的见解，在反思中，增强"理论自信"。

　　该书凝练了我多年来对旅游、旅游业、旅游产业和旅游经济的认知、学习、思考和总结。我努力尝试着向旅游经济研究大家风范的方向跋涉前进，我也努力尝试着"像经济学家一样思考"来展开思路，自己也希望能够在旅游产业升级这一问题领域有所建树。从最终呈现的成果来看，框架上基本做到了系统完整，内容上理论功底依然浅薄，整体上略带生涩。因此，也想趁此次出版之机，将本书内容全貌展示给学界同仁，希望引起学界对"旅游产业升级"研究的关注，以便更好地推动中国旅游产业的发展和升级。

　　感谢广西民族大学校领导李珍刚教授、黄世喆教授、麻新纯教授，管理学院韦焕贤书记、陈永清院长、韦德宗副书记、包学雄教授、陈路芳教授、黄夏基教授、韦复生教授、刘宏盈教授、李伟山博士、李俊博士等领导和同事对本书研究期间和出版工作的支持。特别感谢李涛副院长、教授、博士对该书的肯定和在出版资金审批工作方面极大的支持。感谢中国—东盟旅游人才教育培训基地（广西民族大学）出版经费支持。感谢广西民族大学相思湖青年学者创新团队（东盟旅游创新研究）的支持。感谢广西哲学社会科学课题（15FGL006）和广西高校中青年教师基础能力提升计划课题（KY2016YB127）的支持。感谢广西大学刘亚萍教授在出版前的提点。感谢上海师范大学张会超副教授、博士的友情支持。感谢旅游管理系的全体同仁。感谢广西民族大学图书馆韦副馆长和何华军老师等。感谢中国社会科学出版社王曦博士出色的编辑工作，没有她的努力本书就不会顺利出版。

感谢我的父母、爱人、儿子和家人们在本书写作及出版阶段给予的默默支持和付出！感谢所有关心和支持我的人。

由于作者理论认识和研究水平有限，也受限于相关专业研究资料和自己的分析技术能力，本书只对旅游产业升级问题进行了初步的研究，文中粗陋及不当之处还望谅解，也望学界大家批评、指正，将不胜感激。

吕本勋

2016 年 4 月于相思湖畔